NO CANTINHO DA CONSCIÊNCIA

Editora Appris Ltda.
1.ª Edição - Copyright© 2021 dos autores
Direitos de Edição Reservados à Editora Appris Ltda.

Nenhuma parte desta obra poderá ser utilizada indevidamente, sem estar de acordo com a Lei nº 9.610/98. Se incorreções forem encontradas, serão de exclusiva responsabilidade de seus organizadores. Foi realizado o Depósito Legal na Fundação Biblioteca Nacional, de acordo com as Leis nos 10.994, de 14/12/2004, e 12.192, de 14/01/2010.

Catalogação na Fonte
Elaborado por: Josefina A. S. Guedes
Bibliotecária CRB 9/870

B453n 2021	Beltrame, Juliane Silvestri No cantinho da consciência / Juliane Silvestri Beltrame. - 1. ed. - Curitiba : Appris, 2021. 131 p. ; 21 cm. Inclui bibliografia. ISBN 978-65-5820-827-3 1. Psicologia. 2. Consciência. 3. Transcendência (Filosofia). I. Título. II. Série. CDD – 150

Livro de acordo com a normalização técnica da ABNT

Editora e Livraria Appris Ltda.
Av. Manoel Ribas, 2265 – Mercês
Curitiba/PR – CEP: 80810-002
Tel. (41) 3156 - 4731
www.editoraappris.com.br

Printed in Brazil
Impresso no Brasil

Juliane Silvestri Beltrame

NO CANTINHO DA CONSCIÊNCIA

FICHA TÉCNICA

EDITORIAL	Augusto V. de A. Coelho
	Marli Caetano
	Sara C. de Andrade Coelho
COMITÊ EDITORIAL	Andréa Barbosa Gouveia (UFPR)
	Jacques de Lima Ferreira (UP)
	Marilda Aparecida Behrens (PUCPR)
	Ana El Achkar (UNIVERSO/RJ)
	Conrado Moreira Mendes (PUC-MG)
	Eliete Correia dos Santos (UEPB)
	Fabiano Santos (UERJ/IESP)
	Francinete Fernandes de Sousa (UEPB)
	Francisco Carlos Duarte (PUCPR)
	Francisco de Assis (Fiam-Faam, SP, Brasil)
	Juliana Reichert Assunção Tonelli (UEL)
	Maria Aparecida Barbosa (USP)
	Maria Helena Zamora (PUC-Rio)
	Maria Margarida de Andrade (Umack)
	Roque Ismael da Costa Güllich (UFFS)
	Toni Reis (UFPR)
	Valdomiro de Oliveira (UFPR)
	Valério Brusamolin (IFPR)
ASSESSORIA EDITORIAL	Lucas Cassarini
REVISÃO	José Bernardo
PRODUÇÃO EDITORIAL	Gabrielli Masi
DIAGRAMAÇÃO	Yaidiris Torres
CAPA	Eneo Lage
COMUNICAÇÃO	Carlos Eduardo Pereira
	Débora Nazário
	Kananda Ferreira
	Karla Pipolo Olegário
LIVRARIAS E EVENTOS	Estevão Misael
GERÊNCIA DE FINANÇAS	Selma Maria Fernandes do Valle
COORDENADORA COMERCIAL	Silvana Vicente

Dedico este livro a Deus, pelo amor sublime a seus filhos.

Ao Mestre Jesus, excelsa luz do céu que nos ampara.

À mentora Benedita, poeta da verdade.

Ao meu amor, Luciano, uma pessoa enviada por Deus para a minha vida.

Aos meus filhos, Giulia e Joaquim, que são verdadeiras sementes do meu jardim.

Ao meu pai, que desencarnou no ano de 2010, a quem tenho infinita gratidão pelos conselhos de vida.

À minha mãe, que é exemplo de bondade e humildade.

Aos meus irmãos, pela afetividade do enlace.

E a todos os leitores que, assim como eu, estão na infância do aprendizado.

AGRADECIMENTOS

Agradeço à Solange Aparecida Ghettino, pelo incentivo ao meu crescimento, bem como por me encorajar a despertar o meu ser interior.

À estimada Gilmara Dalla Valle, fisioterapeuta, pela sensibilidade e pela palavra amiga de sempre.

À Jocimara Bernardi, psicóloga, mãe grandiosa, que me oportunizou adentrar meu interior de forma segura e plena.

Um homem é sempre um narrador de histórias, vive rodeado por suas histórias e pelas histórias dos outros, vê tudo que lhe acontece através delas; e procura viver sua vida como se a narrasse[1].

Jean-Paul Sartre

---

[1] SARTRE, Jean Paul. *A Náusea*. Tradução Rita Braga. 25. ed. Rio de janeiro: Nova Fronteira, 2019, p. 55.

SINTONIA[2]

Pedi e vos será dado; buscai e achareis; batei e vos será aberto. (Mt 7:7)

Todas as coisas que existem no Universo vivem em regime de afinidade. Desde o átomo até os arcanjos, tudo é atração e sintonia. Nada que te alcança a existência é ocasional ou fruto de uma reação sem nexo.

Teu livre arbítrio indica com precisão a posição que ocupas no Cosmo, uma vez que cada indivíduo deve a si mesmo a conjuntura favorável ou adversa em que se situa no momento atual.

Vieste da inconsciência – simples e ignorante – e, pela lei da evolução, caminhas para a consciência escolhendo a estrada a ser percorrida.

Encontrarás o que buscas.
Tens a posse daquilo que deste.
Convives com quem sintonizas.
Conhecerás o que aprendeste, mas somente incorporarás na memória o que vivenciaste.
Avanças ou retrocedes de acordo com a tua casa mental.
Felicidade e infelicidade são subprodutos do teu estado íntimo.
Amigos são escolhas de longo tempo.
Teu círculo doméstico é a materialização de teus anseios e de tuas necessidades de aprendizagem.
Pelo seu jeito de ser, conquistarás admiração ou desconsideração.
O que fizeres consigo hoje refletirá no teu amanhã, visto que o teu ontem decidiu o teu hoje.

---

[2] HAMMED (espírito); NETO, Francisco do Espírito Santo (psicografado por). Um modo de entender: uma nova forma de viver. 1. ed. Catanduva, SP: Boa Nova Editora, 2004. Cap. 40. p. 145-146.

Com teus pensamentos, atrais, absorves, impulsionas ou rechaças. Com tua vontade, conferes orientação e rumo, apontando para as mais variadas direções. Disse Jesus: "Pedi e vos será dado; buscai e achareis; batei e vos será aberto".

Sintonia é a base da existência de toda alma imortal. Seja na vida física, seja na vida astral, a lei de afinidade é princípio divino regendo a ti, a todos os outros e a tudo.

Observa: viver no drama ou na realidade, na aflição ou na serenidade, na sombra ou na luz, é postura que está estritamente relacionada com teu modo de sentir, pensar e agir.

APRESENTAÇÃO

Você já parou para olhar para dentro de *Si*? O ano de 2020 veio como uma imensa proposta para essa introspecção, libertando-nos dos atavismos, das paixões animalescas que ainda são predominantes em nosso ser.

Esta obra é um convite para você consultar os arquétipos interiores e a infinita sonda de investigação da mente humana. Entre o equilíbrio e a desordem, o indivíduo sofre diariamente o estado de desarmonia, deixando de lado os valores intrínsecos de crescimento latente existentes dentro do inconsciente.

Para ocorrer o despertar do *Si*, precisamos vivenciar o autodescobrimento, que é o meio de todos os serem humanos encontrarem a tão sonhada felicidade. Mais cedo ou mais tarde, você chegará em um momento de sua vida que irá transformar sua forma de ver e sentir o mundo e aí você encontrará a porta certa que o conduzirá às escadas almejadas da evolução para atingir o tão sonhado numinoso, ou seja, a plenitude individual.

Em face da infinidade de conhecimento, é impossível aprimorarmos tudo o que precisamos em uma única existência, mas o certo é que não podemos perder tempo, deixar passar oportunidades únicas para a nossa transcendência.

Sendo assim, é indispensável o mergulho na esfera carnal, várias vezes e de diversas formas, para que se desenvolva tudo o que está em latência dentro do inconsciente. A experiência do autodescobrimento lhe permite descobrir as aspirações verdadeiras e as falsas, bem como os embustes do ego e do orgulho, que atrasam e assombram nossa caminhada.

À medida que o ser evolui, descobre as infinitas possibilidades que o indivíduo tem de se autocurar, autoprevenir, autolibertar dos males que buscou, enfrentou e que ocasionou.

PREFÁCIO 1

Viver é um ato de extrema coragem! Acordar todos os dias e nos permitir viver intensamente cada experiência, cada oportunidade que nos é oferecida é desafiador! Aprender e interiorizar, com sabedoria, cada experiência e torná-la como um dos tijolos na construção de um ser melhor é o auge da evolução e da maturidade.

Todos nós buscamos ou queremos fazer algo de inovador, ou pelo menos algo que faça a diferença na vida das pessoas, queremos deixar a nossa marca. Porém, poucos se permitem ou têm a coragem necessária de se desafiar, de ir além.

Para mim, esta obra significa um grande ato de coragem, o qual a autora teve ao se permitir dar vasão a um sonho e por proporcionar e compartilhar com cada um de nós os seus conhecimentos adquiridos por meio de tanto esforço e dedicação!

Sabemos que o saber não tem limites e que, quanto mais conhecemos e aprendemos, maior é a sensação de que nada sabemos! Ao ler esta obra, o leitor é impulsionado e contagiado pela energia da autora a querer ler mais, a querer conhecer mais desse maravilhoso mundo do SER!

Somos únicos, cada um com uma história, cada um com suas vivências, cada um com suas dores, medos, angústias, cada um com sua maneira de ver, sentir e agir.

Guardamos, em nosso inconsciente, *todos* os registros, todas as nossas memórias. Elas estão ali armazenadas e podem ser acessadas a qualquer momento, sem percebermos, por meio de um alimento, um cheiro, uma música, um sentimento ou uma nova experiência vivida.

Não somos seres perfeitos, somos seres em construção! A cada dia surgem novas ferramentas, novos conhecimentos, novas terapias e novas oportunidades para que possamos nos construir. Mas, para que esse processo aconteça, é necessário em primeiro lugar, o querer, o se permitir. Ninguém muda o outro, o único poder que temos é o de mudar a nós mesmos! Mesmo Jesus, quando era chamado para realizar as curas, perguntava: "Irmão, você deseja ser curado?". Sendo assim, o processo de evolução é pessoal, intransferível e demanda muita força, coragem, persistência e autorresponsabilidade. "Cada ser em si carrega o dom de ser capaz, de ser feliz", já dizia a canção de Almir Sater.

Somos seres complexos, estamos no todo, e o todo está em nós! Somos seres divinos, frutos da criação Divina e devemos a nós mesmos todo o amor e respeito ao qual designamos a Deus e aos seres mais nobres do universo.

Então, permita-se! E ótima leitura a todos!

Gilmara Dalla Valle

Fisioterapeuta

PREFÁCIO 2

Nunca, jamais desanimeis, embora venham ventos contrários.

(Santa Paulina)

Inicio o convite para a leitura deste livro trazendo as sábias palavras de Madre Paulina.

Pergunto-lhes: quantas vezes queremos fazer algo e desistimos? Quantas vezes temos ideias inspiradoras e as deixamo escondidas? Seria medo? Insegurança? Talvez, mais frequentemente nos deixamos levar pelo caminho mais fácil, já que, para pôr algo em prática, é imprescindível sair da zona de conforto. Precisamos ter a clareza de que tudo o que fazemos ou falamos transparece o que verdadeiramente somos. Saber disso é desafiador, deve aumentar a responsabilidade consigo e com o outro. Quanto mais soubermos de nós mesmos, melhores serão nossos feitos.

A viagem para dentro si (a do autoconhecimento) é a mais longa e mais valiosa que podemos fazer. No livro *No Cantinho da Consciência*, a autora nos convida a embarcar nesta jornada para o íntimo. Durante o percurso, podemos deparar-nos com surpresas agradáveis ou não, dependendo de como as encaramos, cada um vai encarar de acordo com suas vivências e tirar suas próprias conclusões. Vale lembrar que cada existência é única, entretanto, com todos os registros armazenados, que podem ser marcados por traumas por vezes não curados e retraumatizados. A opção pela cura é de cada um, "ninguém cura alguém que não queira ser curado". O sofrimento ou as "sombras" que carregamos e nos deixam estagnados, muitas vezes, são incompreensões. É preciso conhecer, não esquecer, mas ressignificar (dar um novo sentido).

A proposta aqui é olhar para o "eu interior", não para o outro. Quando focamos no outro, ficamos paralisados na busca do autodescobrimento. O compromisso com a evolução é peculiar a cada um, evoluir implica se permitir ser imperfeito e aprender com os erros. Não podemos desistir do que queremos nos tornar. Devemos seguir aprendendo, mudando, amadurecendo, evoluindo, isso pode doer, mas perceber que podemos ser melhores do que já fomos é reconfortante e faz tudo valer a pena. Nesse processo, surgem as escolhas entre o "ter" e o "ser", entre a "aparência" e a "essência". Que possamos sempre optar por sermos nós mesmos, sem ilusões, com amor e gratidão, confiantes que não existem enganos para nossa existência, e sim escolhas e merecimentos.

Em meio a uma pandemia, que marca o ano de 2020, tivemos que nos readaptar a novos hábitos, a novas formas de se relacionar. Neste momento de transformação e de grande evolução, devemos ter a convicção de que as dificuldades também nos fortalecem. Carecemos reinventar-nos, e nada mais oportuno que um reencontro consigo mesmo para aflorar a criatividade, a intuição, a ação.

Acreditar que uma força maior nos mantém conectados à nossa essência nos faz despertar para o melhor que podemos ser e fazer. Foi no despertar de um processo terapêutico lindo que tive o privilégio de acompanhar que surgiu a motivação para materializar este livro, escrito de forma sútil, questionadora, com informações que instigam a autoanálise, o autocuidado, valorizando terapias convencionais e alternativas, abordando a espiritualidade desprendida de credo ou religião, seguindo o maior exemplo de amor e humildade: Jesus Cristo. Inspirada em ensinamentos de obras importantes, conciliadas às vivências particulares da autora, nasce aqui não só mais um livro, mas uma grande escritora.

Confiança é a base, crer que se estamos neste plano é porque temos uma missão a cumprir. Todos nós temos algo de bom para oferecer, mas é preciso despertar, confiar na nossa alma, ela sabe o caminho. É necessário ter coragem para entrar em contato com o que está além, porém, quanto mais nos envolvermos com a busca pelo autoconhecimento, pela consciência da inteireza do nosso ser e com o mundo espiritual, melhores serão nossos hábitos e mais sentido terá a vida. Não sabemos quanto tempo temos ainda, mas ainda há tempo, portanto, comecemos...

Jocimara Bernardi
Psicóloga

SUMÁRIO

INTRODUÇÃO 23

PRIMEIRO CAPÍTULO
A CONSCIÊNCIA 33

SEGUNDO CAPÍTULO
O SER E A CONSCIÊNCIA 49

TERCEIRO CAPÍTULO
DO CONHECIMENTO DE SI MESMO 55

QUARTO CAPÍTULO
LEI DO AMOR 65

QUINTO CAPÍTULO
SERÁ QUE SOMOS FIÉIS À NOSSA CONSCIÊNCIA? 77

SEXTO CAPÍTULO
LEI DO PROGRESSO 81

SÉTIMO CAPÍTULO
NOSSO PASTOR 97

OITAVO CAPÍTULO
RECONHECER 103

NONO CAPÍTULO
VIDA NOVA 107

DÉCIMO CAPÍTULO
MATURIDADE E COMPROMISSO 117

POSFÁCIO 125

REFERÊNCIAS 127

INTRODUÇÃO

O presente livro é uma tentativa de minha parte de refletir, questionar, analisar e contribuir com os estudiosos do *Si*, que estão interessados na libertação das aflições e das sombras que construímos com o passar dos tempos.

Aquela sombra que interrompe o nosso fluxo natural de crescimento, da evolução natural. Tudo aquilo que posterga nossa evolução espiritual.

Ora se sabe, ora não se reconhece, ora, nega-se. Mas, o importante é que no fundo todos nós sabemos as dores e os amores diários de cada dia. As nossas lutas e desafios são consequências da nossa forma de levar a vida.

Já diz o verbete: "A vida é como uma montanha russa, tem altos e baixos e às vezes enjoa".

A presente tentativa não esgota todas as possibilidades, pois aqui é um pequeno contexto reflexivo de tudo aquilo que já li e estudei nos últimos anos, nunca esgotando as possibilidades de conhecimento e aprimoramento.

Cada livro traz um apanhado novo de conhecimento, e assim vamos nos lapidando e nos melhorando internamente. O importante é começar, um pouco por dia, e cada dia vamos nos tornando melhores.

A leitura é uma dádiva que nos impulsiona cada vez mais a adentrar o conhecimento de si mesmo.

Como dizia Guimarães Rosa: "Um livro, às vezes, quase sempre, é sempre maior do que aquele que escreveu".

Utilizo a terapia das parábolas de Jesus e das infindáveis lições terapêuticas encontradas desde a sua vinda, há mais de dois mil anos, para descobrir e adentrar nesse vasto universo do "eu".

Se procuramos paz, Jesus é a fonte sublime de bálsamos e lenitivos;

Se nos encontramos perdido, Jesus traça diariamente nosso melhor caminho.

E o principal, se a doença bater às portas da nossa casa, Jesus é o remédio dos nossos corações aflitos.

Afinal, como disse o escravo Nestório antes de regressar à Terra, ela é a nossa escola milenária!...

Saiba que antes mesmos de vos levantardes, vossos guias e mentores espirituais aplicam os recursos energéticos necessários para a trajetória diária.

Todo homem de gênio é aquele que viveu e se dedicou mais. É o fruto do trabalho interior e não um privilégio ou uma sorte.

Ao mesmo tempo, apoiando-me nos incomparáveis ensinamentos propiciados pelos mentores da humanidade; pelo nobre Allan Kardec; pela luminosidade de Francisco Cândido Xavier; pela grandeza de Divaldo Franco, que além de palestrante é idealizador da magnífica obra social da Mansão do Caminho; pelos estudos diários por meio de palestras, de Haroldo Dutra Dias, que além de palestrante internacional é professor de hebraico bíblico e tradutor do Novo Testamento para o português; pelos ensinamentos psicológicos de Rossandro Klinjey, que é fenômeno nas redes sociais, pela Anete Guimarães, que é palestrante internacional e professora de filosofia; com a mansidão de José Carlos de Lucca, por todas as obras de Suely Caldas Schubert, com toda sua coerência, principalmente no trabalho mediúnico; pelo casal Cláudio e Iris Sinoti, terapeutas Junguianos e palestrantes da série psicológica de Joanna de Ângelis e de tantos outros que nessa existência me inspiram para poder colocar aqui um pouco dessa grande viagem do eu interior.

Estamos em um momento mágico de transição terrena, de mundo de expiação estamos passando para o de regeneração. O reinado do bem se sucederá ao reinado do mal. Aqui será um dia uma terra linda e grandiosa, sem mais o orgulho e o egoísmo das gerações passadas.

A nova geração sucedera, sem que haja mudança na ordem natural das coisas, tudo externamente se passará como de costume, mas internamente será um vulcão de renovação, de libertações, de conhecimentos, sendo que suas larvas levará todas as dores que estão empilhadas no oceano existente em cada um de nós.

Renascerão espiritos mais adiantados e propensos ao bem, que queiram contribuir para um mundo melhor.

Somente os séculos de trabalho e dor poderão anular os nossos séculos de orgulho e ambição desenfreada.

Nós que aqui estamos no epicentro do furacão precisamos urgentemente nos melhorarmos porque as marcas da regeneração já se aproximam e estão refazendo todas as arestas que outrora deixamos de podar.

Fato parecido ocorre nas enfermidades. A doença é um aviso de que estamos dirigindo mal a nossa vida, por desiquilíbrios emocionais. Portanto, precisamos mudar a estrada da nossa vida, limpar os canteiros, tirar as ervas daninhas e limpar de uma vez por todas o nosso caminho para sentir a claridade de um novo dia.

Estamos na transição de um século, e isso nos torna ao menos seres altamente privilegiados, para que possamos fazer a nossa parte diante desse todo grandioso que chamamos de planeta Terra.

Deus age em silêncio e não concorre com a vaidade das criaturas humanas. Se você quer sentir essa energia olhe para dentro de si, se renove, porque Jesus já está trabalhando há muito tempo, e confia em você.

Vamos mergulhar nas camadas profundas do nosso ser. Você não é nenhum super-herói, você é apenas um ser humano em construção, que não percebe as advertências consoladoras na caligem dos pensamentos.

Portanto, não perca mais tempo.

Como diz Haroldo Dutra Dias na palestra[3] "O Primado do Espírito e as transformações sociais": "[...] a renovação virá silen-

---

[3] CONGRESSO ESPÍRITA DO ESTADO DO ESPÍRITO SANTO, 2017. O primado do espírito e as transformações sociais. Palestras ocorrida nos dias 22, 23 e 24 de setembro de 2017, em Vitória Espírito Santo. Ao vivo por meio da rádio Fraternidade.

ciosa, através das maternidades, as crianças que estão nascendo, vão conduzir seus pais para as salas de evangelização".

E continua: "Quer saber onde paira o mundo novo? Visite as maternidades".

A educação Divina se pauta no amor e no exemplo, onde tudo está armazenado em nosso inconsciente. A velha geração não sairá do trono sem fazer algazarra, não será fácil, nós vamos ver uma verdadeira pirraça do mal, tentando barrar a invasão do amor e da fraternidade, e é nesse momento que precisamos urgentemente fazer a faxina interna para contribuir com essa transição planetária, varrendo as sujeiras para dar espaço para o bem frutificar.

O mundo até hoje foi comandado pelo mal, e ele não quer deixar de comandar o espetáculo da vida. Portanto, aja o mais rápido possível para que essa construção linda ocorra, pois você faz parte desse jogo e todos precisamos ganhar no final. Colabora na construção do mundo novo. Ame, trabalhe, perdoe e siga em frente porque a redenção do ser não vai surgir no acalento das vaidades mundanas incompreensíveis, nas hipocrisias do nosso tempo, nos melindres da sociedade doente, no repouso falso do mundo, ou no favor incompreensível dos seres endeusados materialmente, essa mudança interna vai depender de muita luta, renovação e compreensão do ser interior.

Ainda somos muito fracos para nos atribuirmos qualquer valor nessa mudança planetária. Essa mudança/renovação é do Mestre Jesus, e vai ocorrer com muito ranger de dentes, lágrimas, e acima de tudo de perdão e fé.

Quando o progresso, a felicidade, o bem-estar, a harmonia, a alegria, o amor, são pensados só para mim, isso reflete o grande mal existente na terra, ou seja, o orgulho e o egoísmo, agora quando esses valores vêm a serviço de todos esse seria o significado do bem, que tanto queremos.

Ao descobrirmos nossas verdades, poderemos encontrar meios menos dolorosos para fazer essa reconstrução interna.

Portanto, o mal somos nós quando esquecemos do outro. Ao longo do dia viramos a pior face de nós mesmos várias vezes, e inúmeras delas dissimulamos ao nosso próprio alvitre, enganando-nos de forma maquiada.

Se você tem experimentado raiva, pavor, culpa, ressentimentos de todas as ordens, menosprezo, com toda certeza seu físico está recebendo essa intoxicação em forma de vários tipos de doenças. Creia que você é o culpado e você também tem o remédio.

Mas, no fundo sabemos tudo. Quem se permitiu adoecer pode se permitir neutralizar a própria doença.

Portanto, vamos invadir essa nossa sombra, vamos varrer tudo que está nos cantos, levantar o tapete, passar álcool em gel em tudo, inclusive internamente para que o mal que existe dentro de nós vá embora, esmoreça de uma vez por todas.

Nós temos o dever de desejar o bem ao próximo, não vamos ceder as nossas vicissitudes internas, ao nosso orgulho, ao nosso ego para podermos alcançarmos conjuntamente em mundo ditoso que está a nosso espera.

Salienta Paulo de Tarso a Timóteo, no livro *Paulo e Estevão*[4], no momento em que chegaram em terra firme na Ilha de Malta, após ser picado por uma víbora: "Estejamos atentos aos nossos deveres, porque a ignorância sempre está pronta a transitar da maldição ao elogio e vice-versa."

A ignorância que habita o nosso ser interior, nos torna a pior das criaturas, exalta as nossas atitudes infantis e birrentas.

Mudar é desadaptar-se, atualizar-se, renovar-se, enfrentar os medos internos, deixar fluir os pensamentos, tirar a máscara que nos acompanha, tornando-nos, egoístas, mesquinhos e fúteis.

Precisamos, portanto, olhar para nossa consciência e vasculhar lá dentro todos os ensinamentos que estão lá guardados, para evitar a loucura e o suicídio nesse momento convulsionante da Terra.

---

[4] XAVIER, Francisco Cândido. *Paulo e Estevão, episódios históricos do Cristianismo primitivo*: romance (pelo espírito Emmanuel). 45. ed. Brasília: FEB, 2019d, p. 445.

Aprimorar-se no aqui-e-agora, percebendo e respeitando o que se sente. Respeitar não só os meus anseios, mas os propósitos do outro, fazendo tremular a bandeira da fraternidade.

Não tenha medo de fazer essa limpeza interna, às vezes perceberá um novo ser lá dentro, às vezes nem vai reconhecer quem está lá, o importante é rever as escolhas e os caminhos que tem feito diariamente adiantando o trabalho do porvir.

Não podemos perder o sentido da vida, esse é o grande terremoto do mundo da transição. A mente sã é a alma do negócio.

Um dia, iremos daqui até a porta do céu, onde nos encontraremos renovados, como as plantas novas, como disse o escritor Machado de Assis, em seu livro *Dom Casmurro*, obra prima, considerada o melhor romance literário brasileiro.

"Come piante novelle[5] *[...]. O resto em Dante".*

Então vamos juntos adentrar um pouco nesse universo vasto que é a nossa consciência e arrancar de lá todas as ervas daninhas, os vírus, as bactérias que mancham, como sombra, a nossa alma.

Vamos arrancar esse véu que encobre as leis divinas que habita em nós.

Você não sabe onde começar?

Recorda Bartolomeu. Ele sempre auxiliava Jesus com sua alma sensível, mas ele padecia de uma grande dificuldade, era portador de uma tristeza profunda, uma desilusão sem cura, embora estivesse ouvindo a palavra de Jesus diariamente e estivesse ao seu lado, caminhando.

Bartolomeu era tomado de um desânimo pela maldade humana, chegava a acreditar que o mal sempre venceria, não importando o que o bem fizesse. Os perversos assumiriam o poder sempre, independentemente do que o bem fizesse ou falasse.

Bartolomeu estava em uma armadilha, entregara-se ao desalento, ao deserto interno, lhe faltara a fé, ele se permitira o desa-

---

[5] *"Come piante novelle"*: como plantas novas, renovadas por novas ramagens. Versos finais do *Purgatório*, segunda parte do longo poema *A divina Comédia*, de Dante Alighieri.

nimo e a tristeza. Bartolomeu não deixara florescer o numinoso existente nele.

O espírito Emmanuel disse no capítulo 30 do livro *Fonte viva*[6]: "Trazemos o gene da divindade, Deus está em nós tanto quanto nós estamos em Deus".

Os sábios da antiguidade já diziam que não existem doenças e sim doentes, pois a matéria é espelho da alma.

Toda enfermidade revela quem somos e o que está se passando no nosso mundo interior. Toda doença que habita nosso corpo revela o que estava escondido nos escaninhos mais secretos de nossa mente.

A seara de Jesus é o local para se trabalhar com disciplina, fé e esperança, portanto, não podemos ficar fora de controle, precisamos primeiro examinar o mal em nós e refletir as mudanças internas.

A violência sempre gerará violência, o mal sempre gerará o mal, ele só se curva no bem, e essa mudança demanda muito tempo, porque o plano não é nosso, é do Divino Criador.

Devemos lembrar sempre que, diante da árvore que se cobre de frutos, precisamos observar o comezinho dever de contribuir para a prosperidade comum.

Inclusive, bom exemplo de persistência e fé, vemos na passagem do livro *Ave, Cristo!*[7] No diálogo entre o Corvino e seu amigo Varro, a caminho da Igreja de Lyon, ao ser apunhalado em seu coração, minutos antes de sua morte, Corvino fala para seu amigo:

> Sei que te vês relegado à solidão, sem parentes, sem lar....Mas não te esqueças da imensa família humana. Por muitos séculos, ainda, os servidores de Jesus serão almas desajustadas na terra....Nossos filhos e irmãos encontram-se dispersos em toda parte... Enquanto houver um gemido de dor no mundo ou uma nesga de sombra no espírito do povo, nossa tarefa não terminará...Por agora, somos desprezados

---

[6] XAVIER, Francisco Cândido. *Fonte Viva* (pelo espírito Emmanuel). 1. ed. Brasília: FEB, 2020c, p. 56.

[7] XAVIER, Francisco Cândido. *Ave, Cristo!* – Episódios do Cristianismo do século III (pelo espírito Emmanuel). 24. ed. Brasília: FEB, 2019b, p. 56.

e escarnecidos, no caminho do Pastor Celeste que nos legou o sacrifício por abençoada libertação e, amanhã, talvez, legiões de homens tombarão pelos princípios do Mestre, que sendo tão simples em seus fundamentos, provocam o furor e a reação das trevas que ainda governa nações....Morreremos e renasceremos na carne muitas vezes...até que possamos comtemplar a vitória da fraternidade e da verdadeira paz...Contudo, é indispensável amar muito para, antes, vencermos a nós mesmos. Nunca odeies, filho meu! Bendize constantemente as mãos que te ferirem. Desculpa os erros dos outros, com sinceridade e pleno olvido de todo o mal. Ama e ajuda sempre, ainda mesmo os que pareçam duros e ingratos...Nossas afeições não desaparecem. Quem exercita a compreensão do Evangelho acende lume no próprio coração para clarear a senda dos entes queridos, na Terra ou além da morte... Tua mulher e teu filhinho não se perderam...Tornarás a encontrá-los em novo nível de amor...Até lá porém, luta na conquista de ti próprio!...O mundo reclama servidores leais ao bem... Não procures riquezas que o desengano enferruja...Não te prendas a ilusões e nem exijas da Terra mais do que a Terra te possa dar... Só uma felicidade jamais termina – a felicidade do amor que honra a Deus no serviço do semelhantes...

Portanto, vamos nos reformar o quanto antes, tendo o tempo ao nosso favor, pois ele burila todas nossas dores, lutas, desilusões.

Esforcemo-nos por nos melhorar, e inclusive, soerguer nossos companheiros.

Como disse Paulo de Tarso: *"Desperta, tu que dormes! Levanta-te dentre os mortos e o Cristo te iluminará.".*

Recorda ainda, Simão Pedro, que era o líder dos apóstolos, aquele prometido que iria sustentar o trabalho cristão na terra. Mas, Simão Pedro caiu, ele disse a Jesus, que não importava o que ocorresse, ele estaria sempre com ele, mas negou-o três vezes começando cedo, logo quando o galo cantou.

Até onde nos conhecemos? Será que Simão Pedro estaria fazendo a reflexão interna, naquele momento?

Quando nos identificamos com os apóstolos, não podemos desvalorizar ou retirar o valor de cada um, pois cada qual tem seus valores, seu tempo de transformação, de germinação, e todos, com suas peculiaridades, formam um todo indivisível, um elo único, uma força divina.

A falta de autoconhecimento de Simão Pedro e o desalento de Bartolomeu nos mostram como é valorosa a contribuição extraordinária da reforma intima, portanto, esse é o começo.

Vamos começar essa mudança interna, unindo-nos em um só elo para juntos adentrarmos nesse novo mundo que nos espera para fazer brilhar todas as nossas energias positivas de amor e de paz.

Tenhamos sempre a fé a exemplo do escravo Nestório, que ao encontrar-se com o tribuno Helvídio Lucius na prisão, no momento do interrogatório final, o mesmo assim responde ao ser interrogado se era de fato cristão: "Sim, senhor – murmurou o interpelado, como se respondesse constrangidamente, em face de tão grande generosidade – prometi a Jesus, no sacrário da consciência, que não renegaria a minha fé em tempo algum."[8].

Para que a luz Divina se destaque nas trevas humanas, é necessário que os processos educativos da vida nos ensinem no caminho espinhoso da trajetória milenar.

Saia da comodidade. Acredite em você. Levanta-te, e comece a realizar a reforma intima necessária.

---

[8] XAVIER, Francisco Cândido. *Cinquenta anos depois*: episódios da história do cristianismo no século II – romance (pelo espírito Emmanuel). 34. ed. Brasília: FEB, 2020b, p. 101.

PRIMEIRO CAPÍTULO

A CONSCIÊNCIA

Só há um tempo em que é fundamental despertar. Esse tempo é agora.

Buda

O maior enigma do ser humano é a consciência.

Quem é você? Você já se fez essa pergunta? Acho que no mínimo várias vezes, acertei?

Se você não conseguiu responder, fique tranquilo. Nada é mais misterioso que esse cidadão aí dentro, esse ser que habita esse corpo físico material.

Uma prova desse enigma é o grande número de teorias que tentam explicar o que é a consciência, a inconsciência, o pensamento e os sentimentos. Muitas delas vão bem fundo na problemática, dissolvem incógnitas, constroem novos questionamentos ou até acham mais embaraços, mas todas batem de cabeça umas com as outras na busca infindável da compreensão do ser pensante.

Uns acham que ela nem existe. Outros, que está em todo lugar. Muitas perguntas continuam sem respostas. Mas não faltam argumentos, pesquisas científicas, estudos, mapas de significados que nos deixem pelo menos mais perto de esclarecer o grande mistério do ser: a consciência.

Afinal o que é a consciência e o que ela tem de tão especial para nos afligir tanto?

Será que é aquele sentimento de amor, de lucidez, de coordenação, de simpatia, ou talvez os pensamentos constantes em nossa mente que palpitam incansavelmente nos dizendo que estamos vivos, sentindo tudo o que passa em nossa alma, nos mostrando caminhos e meios de realizar e decidir coisas?

Ou talvez seja aquela sensação de que existimos, que pertencemos a um todo e que disponibilizamos os sentimentos para nos orientar, tudo isso é uma prévia do que pode existir na consciência.

Na realidade a consciência nos permite discernir o certo do vacilante, e assim, podemos entregar a ela os nossos erros e acertos diários. Mas será que existe algo lá dentro que ainda é impenetrável?

Com muita sabedoria os espíritos nobres responderam para à indagação n.º 621 de Allan Kardec, no *Livro dos espíritos*[9], a respeito de onde se encontravam escritas as leis de Deus. E eles informaram: *"na Consciência"*.

Antes de adentramos mais profundamente no assunto, é preciso traçar a diferença entre consciência e inconsciência.

Por muito tempo, acreditou-se que a mente humana era composta apenas pelo consciente, desconhecendo-se, em princípio, o inconsciente e o subconsciente. Ou seja, o ser humano seria capaz de administrar as suas emoções e razões íntimas, tendo o total controle de suas ações e reações.

Mas se o ser humano possui condições de perceber, manipular, controlar, acelerar o conteúdo de sua mente e pensamentos, como explicar as memórias que vêm à tona de forma aparentemente aleatória e de forma imprevista? Ou os pressentimentos que temos em alguns momentos do dia? Ou até mesmo, as dores e as emoções guardadas que sentimos que não têm razão física?

E justamente por isso, Freud[10] afirma em seu livro *A interpretação dos sonhos* que: "nossa mente não possui apenas a parte consciente". Para encontrar as relações ocultas existentes entre os atos conscientes, o autor no livro opera uma divisão topográfica da mente. Nela, ele delimita três níveis mentais: consciente, pré-consciente e inconsciente.

---

[9] KARDEC, Allan. *Livro dos Espíritos*. Tradução de Salvador Gentile, revisão de Elias Barbosa. 182. ed. Araras, SP: Editora Ede, 2009, p. 206.

[10] FREUD, Sigmund. *A interpretação dos Sonhos*. Obras completas, v. 4. Companhia das Letras, 1900.

Para quem não teve a oportunidade de ler o livro de Freud, passamos a descrever suscintamente o seu ponto de vista em relação a esses conceitos.

Para Freud, "o nível consciente nada mais é do que tudo aquilo do que estamos conscientes no momento, no agora". O consciente seria, na sua visão, a menor parte da mente humana. Nele está tudo aquilo que podemos perceber e acessar de forma intencional, ou seja, é acessível diretamente.

Outro aspecto importante que o autor traz no livro é que por meio do consciente é que traçamos a relação com o mundo externo.

A consciência também pode revelar a noção dos estímulos externos à volta do ser que confirma a sua existência física, bem como a existência espiritual.

Por esse motivo se costuma dizer que quem está desmaiado ou em coma está inconsciente, pois em questão de segundos, perde os sentidos, apaga-se a memória, e desliga-se por um curto espaço de tempo a noção do tempo e espaço.

Resumindo: aquilo que sentimos, vivenciamos, planejamos e enxergamos dentro da nossa mente, é o nosso consciente.

O consciente seria, portanto, a nossa capacidade de perceber e controlar o nosso conteúdo mental, as nossas razões, nossas convicções. Apenas aquela parte de nosso conteúdo mental presente no nível consciente é que pode ser percebida e controlada por nós.

O pré-consciente é muitas vezes chamado de "subconsciente", o que não é consciente, mas pode ser lembrado sem muita resistência interna, basta um pouquinho de concentração. São, principalmente, informações sobre as quais não pensamos constantemente, mas que são necessárias para que o consciente realize suas funções, como exemplo: lembranças, vivencias, nosso telefone, endereço, acontecimentos recentes, nossos desejos mais secretos, opções de roupa, preferência de alimentos e assim por diante.

É importante lembrar ainda que, apesar de se chamar pré-consciente, esse nível mental pertence ao inconsciente. É praticamente uma peneira grossa, que separa o consciente do inconsciente.

Já o Inconsciente, para Freud, é o mais importante, basicamente seria tudo aquilo que está perdido, nomes esquecidos, sentimentos, traumas de infância, medos, desejos reprimidos, impulsos destrutivos, até mesmo o que vivenciamos em outras vidas, mas que podem ser acionados em um piscar de olhos.

Portanto, existem coisas que não queremos reviver, vivenciar, relembrar, pois lá estão guardadas nossas fobias, nossos medos, inseguranças, sentimentos de incapacidades, mas de certa forma permanecem conosco eternamente, e quando menos esperamos vivenciamos, ou tornamos a cometer os mesmos erros que estavam lá guardados a sete chaves e que podem aflorar por meio de um sonho, de uma sessão de psicanálise e diversas terapias, como a microfisioterapia.

É como se o momento atual que vivemos, através de um grande impacto (tensões, momento de reflexão, meditação, doenças, acidentes, transes), desencadeasse o momento já armazenado em nosso inconsciente.

Importante salientar aqui que é na inconsciência que guardamos as leis naturais e o gene que nos conecta com o Divino que habita em nós.

Você já conseguiu interpretar os seus sonhos?

Com um exemplo prático, que diria até uma prova real, pude comprovar como funciona a interpretação de um sonho.

Certa feita, em um dia ensolarado do mês de maio de 2020, vivenciei uma situação emocionalmente conflitante, em que, através de uma manifestação de pensamento e opinião, acabei sendo mal interpretada em um pequeno grupo.

Esse trauma vivenciado ficou na minha janela emocional, e, na mesma noite, sonhei com amigos de infância e, no local, dormíamos em um mesmo quarto, todos em camas separadas, e eu estava dormindo em um pequeno berço, junto do meu filho mais novo, Joaquim.

No sonho eu me perturbava, pois estava tentando dormir em um espaço que eu não cabia, era pequeno.

Nesse instante, acordei do sonho e pude ter um insight (clareza súbita na mente, no intelecto do indivíduo, ou melhor, iluminação clarear no indivíduo), que abriu portas registradas em meu inconsciente, situação essa já esquecida/arquivada, inconscientemente.

Veja que o fato de eu dormir em uma cama pequena representava os meus sentimentos naquele dia (sentir-se diminuída, menosprezada, acanhada) e as pessoas que estavam comigo (amigos de infância) representavam o trauma vivido no passado que formou uma janela emocional em meu inconsciente, que naquele momento estavam se reconectando, devido a eu não o ter dissolvido no passado.

Como se os mesmos pensamentos atuais e passados tivessem uma única conexão, e isso me fez revivê-los.

Portanto, os sonhos (pelo menos a maioria), salvo os contatos espirituais (esse é outro tema, muito mais complexo que não seria o caso de aqui mencionar), são conexões do nosso presente, que ativam momentos congruentes vividos e não dissolvidos do passado.

E nesse diapasão podemos reviver tanto momentos lindos e de aprendizados/construtivos, como também reabrir traumas e situações mal resolvidas e não dissolvidas do passado.

Os sonhos nos dão impulsos, se soubermos aproveitá-los, porque muitas vezes os deixamos passar despercebidos. Neles existem muitas intuições que podem nos levar por caminhos melhores, prevenindo dissabores ou até tendo certa precaução futura, a fim de evitar envolvimentos emaranhados na vida familiar e social.

A respeito do tema e com muito mais propriedade, o mestre e PhD Augusto Cury disseca, com a capacidade pedagógica que lhe é peculiar, no livro *Ansiedade*[11], como enfrentar o mal do século, ao abordar o tema das janelas *Killer* ou traumáticas, janelas *Light*, como

---

[11] CURRY, Augusto. *Ansiedade* – como enfrentar o mal do século: a Síndrome do pensamento acelerado. Como e por que a humanidade adoeceu coletivamente, das crianças aos adultos. 1. ed. São Paulo: Saraiva, 2014.

bloqueamos milhares de janelas, ao longo de nossa história, sendo armadilhas de nossa mente que rotineiramente nos prejudicam.

Nas suas palavras, "toda mente é um cofre, não existem mentes impenetráveis, e sim chaves erradas".

De outra banda, a visão filosófica a respeito da consciência é o que se passa internamente e externamente no ser, sendo um dos maiores entraves do ser humano a busca do conhecimento humano e a decifração dos enigmas que ainda não descobrimos.

Dentro do nosso inconsciente guardamos todas as nossas experiências, histórias, vivências boas e ruins, mas esquecemos que, antes de guardá-los, precisamos higienizar os traumas, fazer uma verdadeira assepsia, dissolver as dores, apagar os pontos negativos, contraditórios, mal resolvidos para que futuramente não ocorram os vulcões das emoções, sendo despertados de uma hora para outra e com uma intensidade muitas vezes superior ao momento que foram armazenados.

No livro *Fonte Viva*[12], o Espírito Emmanuel, através de Francisco Cândido Xavier, assim recomenda: "Conserva do passado aquilo que foi bom e justo, belo e nobre, mas não guardes do pretérito os detritos e as sombras, ainda mesmo quando mascarados de encantador revestimento".

Combinando evolução, neurociência, parte do melhor de Jung e Freud, Nietzsche, Dostoiévski, Solzhenitsyn, Eliade, Neumann, Piaget, Frye e Franky, o livro *Maps of Meanings*[13] ("Mapas do significado"), obra-prima de um psicólogo canadense, chamado Jordan B. Peterson, é um tratado disciplinar sobre como surgem as crenças humanas e sobre como elas influenciam nosso comportamento diário, mostra a ampla retórica de Jordan para entender como os seres humanos e seus cérebros lidam com as situações arquépticas, que surgem no nosso cotidiano, sendo que ele demonstra que tudo está alojado dentro do inconsciente.

---

[12] *Ibidem*, p. 127.
[13] PETERSON, Jordan B. Mapas do Significado. A arquitetura da Crença. Tradução de Augusto Cesar. Editora Realizações, 2018.

O brilhantismo do livro está em demonstrar como estão enraizados em nossa evolução, nas vivências, esses arquétipos que em tese seriam o caminho para lidarmos com nossas incertezas ao desconhecido que está registrado em nosso inconsciente.

Muitas vezes sofremos tanto por nossa infância espiritual, por não aproveitar cada hora que surge para o nosso reajustamento. Muitos dos nossos sofrimentos são advindos da falta do autoconhecimento, ou por ignorância, por medo, e por simples capricho de não querer tocar em algo que nos amedronta.

Nesse sentido, não podemos deixar de lembrar o ensinamento trazido por Francisco Cândido Xavier, pelo Espírito Emmanuel, no livro *Ave, Cristo!*[14], em que nos orienta: "Não podemos esquecer, entretanto, que a mente do homem jaz petrificada na Terra, dormindo nas falsas concepções da vida celeste".

Muitas vezes pensamos: melhor deixar quieto do que abrir, dissolver, remoer, revirar tudo o que dói e lateja, para depois vencer.

Não existe vitória sem adentrar nas dores humanas. É melhor reanalisarmos tudo do que conviver diariamente com algo que parece estar escondido mas, quando menos esperamos, desperta muito mais forte do que no tempo que foi guardado.

Não deixar para depois é uma tremenda lição. Criar laços de amor e paz em substituição às pesadas algemas do desafeto é a melhor saída para os corações aflitos.

Quero ressaltar também a grande importância e contribuição, dos terapeutas, psicólogos, psiquiatras, micro fisioterapias, terapeutas ocupacionais, bem como, das práticas alternativas, como constelação familiar, aromaterapia (casos de autismo), orquideoterapia (tratamento para depressão), tratamentos alopáticos e hemoterápicos, equoterapia, *ho'oponopono*, terapias diversas, e, em especial, a oração, a elevação do pensamento ao alto e o recebimento semanal de passes na casa espírita, bem como, a conexão diária com o divino que há dentro de nós.

---

[14] *Ibidem*, p. 12.

O ser humano tem diversos meios para se autodescobrir, lançar mão da infantilidade e buscar o recolhimento interno. Precisamos parar de ser carrascos com nós mesmos, deixar de procurar o supérfluo da vida material e buscar elevarmo-nos espiritualmente, para abrir o nevoeiro que existe em nossa volta contribuindo para nossa estagnação moral.

Mas saiba, desde já, que esse é o caminho da porta estreita e não da porta larga, muitas escolhas você terá que fazer, muitas dores terá que sentir, muitas renúncias terão que ser realizadas. *"Entrai pela porta estreita, porque larga é a porta, e espaçoso, o caminho que conduz à perdição, e muitos são os que entram por ela; e porque estreita é a porta, e apertado, o caminho que leva à vida, e poucos há que a encontrem"* (Mateus 7.13-14).

Compreender que toda resolução dos problemas diários relacionados com o trabalho profissional, lar, relacionamento conjugal, familiar, filhos, amigos, convívios, amizades, e o maior, a descoberta do Si, está mais perto do que podemos imaginar, nos desperta um grande alerta, o saber escutar e ouvir a nossa consciência.

O livro *12 regras para a vida*[15], de Jordan B. Peterson, *best-seller* internacional, é um verdadeiro antídoto para o caos, que, no meu singelo ponto de vista, é uma introdução ao livro do próprio autor da arquitetura da crença, pois todos temos que lidar com o desconhecido que habita no nosso inconsciente.

Uma hora ou outra você precisa retirar essa nébula e adentrar o labirinto da mente.

Não é fácil quebrar os antigos preceitos do mundo, ou desnovelar o nosso coração a favor daqueles que nos ferem no íntimo, mas ainda o melhor antídoto contra isso é a nossa boa vontade e o perdão.

Precisamos abandonar o caos em busca da ordem, o mais urgente possível. Depois de março de 2020 é mais do que fundamental abandonarmos o barco furado em que estávamos e nos projetarmos para o navio que nos aguarda no cais.

---

[15] PETERSON, Jordan B. *12 Regras para a vida*. Um antídoto para o caos. Tradução de Wendy Campos e Alberto G. Streicher. Rio de janeiro: Alta Books, 2018.

O caos que existe dentro de nós sempre poderá fazernos despertar para o autoconhecimento.

Ele vem de maneira trivial, por exemplo, quando você conta uma piada em um grupo desconhecido e todo mundo fica em silêncio; quando você da noite para o dia fica sem emprego; quando você está em meio a uma pandemia e vê várias pessoas morrerem por uma doença (Covid-19) que ainda não tem cura; quando você é traído por seus melhores amigos, quando você está dentro de um redemoinho que é a separação ou o divórcio.

Diariamente acompanho mulheres no processo árduo de separação e divórcio, quando precisam adentrar a incrível viagem do autoconhecimento de forma forçada para poderem escalar a próxima etapa da vida. E assim, de maneira repentina e acelerada, como pegas de inopino, precisam reformular as bases que outrora não foram construídas em terras firmes.

Lembra Jesus sempre: *"Aquele que não nascer de novo não pode ver o reino de Deus".*

Por que esperar esses momentos aterrorizadores para fazer a mudança em meio a uma terrível tortura mental? Mais vale compreender e auxiliar hoje do que precisar ser auxiliado amanhã.

Portanto, a ordem do caos é o Yang e o Yin, ou seja, uma dualidade cósmica. O mundo é composto por dualidades, e o melhor que podemos fazer é achar o equilíbrio entre as esferas contraditórias que se encontram para fazer renascer o equilíbrio existente dentro de nós.

Mas, como achar o equilíbrio diante do mundo em que vivemos?

O equilíbrio está dentro de nós. Sempre quando houver caos em nossa vida, precisamos urgentemente dissolvê-lo na hora, no exato momento em que nasce, antes de ele formar uma janela emocional em nosso inconsciente, tornando-se uma ferida não cicatrizada que irá, mais cedo ou mais tarde, absorver o âmago da nossa alma.

Portanto, se você não consegue dissolver realizando todas as práticas anunciadas alhures, procure um profissional para orientá-lo e ajudá-lo, mas saiba que o melhor médico é o médico Jesus. Ele nos ensina a carregar a cruz dos nossos testemunhos, acompanhando-lhe os passos.

Caminhar na linha do equilíbrio é o encontro com a felicidade. Somente após semelhantes aquisições atingiremos a verdadeira comunhão com o Mestre.

Acho muito interessante o pensamento dos grandes escritores brasileiros, como Leandro Karnal, Cortella, Pondé, Monja Coen, Rossandro Kilinjey, Haroldo Dutra Dias, quando nos fazem refletir reiteradamente a mente, o ser, o consciente e o inconsciente. Pois todos nós humanos, em algum momento da vida, refletimos e discutimos sobre o sentido da vida, o que é o ser, a sua origem, o que é vida, morte, céu, inferno, Deus...

No livro *O inferno Somos nós*[16], de Leandro Karnal e Monja Coen, os pensadores, sábios, dialogam em uma leitura fácil e contagiante, com perguntas e respostas refletindo sobre o ódio e a cultura de paz, em que na página 77, Monja Coen, ao responder o questionamento de Karnal sobre respeito e autoconhecimento, assim diz: "Para mim, só existe este caminho para uma cultura de paz: o autoconhecimento".

Agora, nesse início de século XXI, ano de 2020, em meio a uma pandemia mundial, percebemos que a humanidade está explodindo internamente, por ainda não saber adentrar no seu inconsciente, buscar as alternativas que nosso Criador maior nos deu para podermos trilhar nossa evolução e sentir a paz.

Não podemos esperar os agentes externos (perda de entes queridos, acidentes, dores, decepções, desemprego) para adentramos em nossa alma. Nas águas tranquilas, nadar é sempre melhor.

O dono de todo o poder e império é o nosso Criador do Universo, é Deus, nosso Pai, que empresta recursos aos homens, segundo os méritos ou as necessidades de cada um.

---

[16] KARNAL, Leandro; MONJA COEN. *O inferno somos nós*. Do ódio à cultura de Paz. Campinas, SP: Papirus 7 Mares, 2018.

Lenir as chagas íntimas, limpar as mágoas e dores que fustigam o coração é o caminho que devemos trilhar enquanto estamos nadando nas águas calmas do oceano.

Pergunto ao leitor nesse momento: Você conhece a sua consciência? Você já parou para conversar com ela? E o seu inconsciente, que pérolas e que sombras você guarda lá dentro?

Com toda certeza sua consciência e seu inconsciente guardam muitas histórias e experiências que constroem o seu *Self*[17] atual, e muitas vezes não nos damos conta disso tudo.

Desenrolar os pergaminhos dos mártires muitas vezes é o ponto de partida para adentrarmos nosso inconsciente, fazendo morada em nosso coração, como consolo eterno, cicatrizando-nos as úlceras invisíveis que habitam em nosso coração.

Desse modo, é certo que o indivíduo nasce com todas essas informações adormecidas de outras vidas, bem como acumula na existência atual outras tantas, que vão ressumando através dos tempos, e tornando-se conscientes pelo Self.

A imagem apresentada por Freud a respeito do inconsciente é bem fundamentada, porquanto ele o imaginava como um *iceberg*, cuja parte visível é apenas 5% do seu volume (consciência), estando os 95% restantes de sua massa submersos (o inconsciente).

Já para Jung[18], que evoluiu os estudos das representações oníricas e suas relações com o inconsciente, levou a uma interpretação mais aprofundada do inconsciente do que Freud, inclusive, trazendo o inconsciente coletivo e os arquétipos.

Na obra de Divaldo Pereira Franco[19], ao mencionar o notável psiquiatra Jung, definiu o Self como "a totalidade da psique consciente e inconsciente", acrescentando que "essa totalidade transcende

---

[17] Jung definiu o Self como a representação do objetivo do homem inteiro, a saber, a realização de sua totalidade e de sua individualidade, com ou contra sua vontade.

[18] Hall, James A. Jung e a interpretação dos sonhos: manual de teoria e prática/James A. Hall: tradução Álvaro Cabral – São Paulo: Cultrix, 2007.

[19] FRANCO, Divaldo Pereira. *O ser consciente*. Pelo Espírito de Joana de Ângelis (psicografado por Divaldo Pereira Franco). Salvador: Leal, 2018, edição comemorativa dos 25 anos da série psicológica, v. 05, p. 150.

a nossa visão porque, na medida que o inconsciente existe, não é definível; sua existência é um mero postulado e não se pode dizer absolutamente nada de seus possíveis conteúdos".

Assim se encontra a consciência no ser humano quando faz recordar também o mesmo conceito de Freud, quando o comparou a um oceano, e a consciência a uma casca de noz sobre ele.

Em realidade, os arquivos alojados no inconsciente, de todas as experiências pretéritas vivenciadas ao longo das sucessivas existências corporais, são imensos e vão sendo revividos pela consciência, nos momentos dos grandes transes de sofrimento, nos estados alterados (de consciência), durante os estágios de sonho do ser, quando são liberados automaticamente, permitindo que o Espírito volte a vivê-los e a não mais se desenganar.

No que se refere a enganos das nossas atitudes, temos a passagem muito inspiradora do livro *Ave, Cristo!*[20], no momento em que o velho cristão gaulês Corvino e o moço patrício Varro conversam a respeito da traição de sua esposa Cintia e o destino de seu filho amado Taciano:

> Não te submetas ao frio do desengano, anulando os próprios recursos. A dor pode ser comparada a volumosa corrente de um rio, suscetível de conduzir-nos à felicidade na terra firme, ou de afogar-nos, quando não sabemos sobrenadar. Ouve-nos. O evangelho não é apenas um trilho de acesso ao júbilo celestial, depois da morte. É uma luz para a nossa existência neste mundo mesmo, que devemos transformar em Reino de Deus. Não te recordas da visita do Nicodemos[21] ao Divino Mestre, quando o Senhor asseverou convincente: "importa renascer de novo?".

A cada um é dado o direito de adentrar a consciência na quantidade exata e suficiente a cada momento terreno, ou melhor, a

---

[20] *Ibidem*, p. 41.
[21] Nicodemos foi um fariseu, membro do Sinédrio, mestre de Lei, que segundo o evangelho de João, mostrou-se favorável a Jesus. Defendeu-o perante o Sinédrio e sepultou-o.

cada degrau alcançado a fim de criar uma ponte-auxílio na exata trajetória da evolução.

Nada se realiza aos saltos, é na pauta da Lei Divina que se desenvolve a nossa trajetória, milímetro por milímetro.

O ser, conforme vai se aprimorando na sua existência, vai descortinando o véu da materialidade, vai tendo acesso à sua inconsciência e ali vai fazendo, a seu tempo e modo, a varredura necessária de sua alma.

Lembre-se que Jesus não falava ao homem que passa, mas ao espírito imperecível que, mais cedo ou mais tarde, irá compreender o significado de suas doces palavras.

Cada qual de nós vem à terra com os problemas que necessita para o seu aprimoramento, sendo que as dificuldades são degraus. Nesse interregno, fica em nossas mãos a criação de sofrimentos, com o desacatamento das leis universais que prejudicaram a nossa jornada.

Quanto mais demora, mais sofre. Quanto mais nega, mais se perturba. A justiça Divina sempre será perfeita, ninguém irá chorar sem necessidade.

Em razão, portanto, desse imenso arsenal que se encontra no inconsciente e que pode flutuar na consciência, muitos conflitos e complexos da personalidade tomam corpo, conduzindo as pessoas a transtornos de variadas denominações, doenças psicossomáticas essas que não são objeto do presente estudo, e em que, aliás, não me atreveria adentrar.

A exemplo do sonho que relatei acima, percebe-se que, fazendo uma metáfora, para melhor entendimento do leitor, é como se você sentasse na frente da televisão para assistir um filme na Netflix. Lá estão todas as opções que são comparadas às nossas experiências. Assim que você aperta o gatilho (reviver uma emoção registrada), no momento atual, você automaticamente clica no filme exato da sua emoção vivenciada e arquetipificada no seu inconsciente, podendo ter sido nessa existência ou em outra.

Portanto, é claro que a consciência é o fenômeno mais misterioso do universo e que sempre demonstrou profundos estudos. De acordo com nossa capacidade de compreensão podemos assimilar a totalidade do universo chamado consciência existencial.

Existe, ainda, a consciência coletiva[22], difundida por Durkheim, pai da sociologia moderna, fundador da escola francesa, que construiu uma ciência sociológica por meio de medições e comparações. Para ele, a consciência coletiva é formada pela socialização das nossas mentes, tudo aquilo que devemos saber para nos comportarmos socialmente. É um conjunto cultural, cheio de crenças, consciência social, apesar do indivíduo.

Na visão do sociólogo, o progresso humano acompanha a consciência coletiva. Aquilo que é antiético em um local é permitido noutro e, assim, ao evoluirmos, vamos construindo uma sociedade fraternal e igualitária.

Existem formas padronizadas de condutas e comportamentos e, dessa combinação, sai o produto novo, um estado do grupo que começa se repetir nos indivíduos. A consciência coletiva está em cada um de nós porque nós fazemos parte do todo, como se fosse um imenso elo de progresso.

Do ponto de vista filosófico, trazemos aqui o professor e filósofo Jean-Paul Sartre, que foi, sem dúvida alguma, um dos grandes filósofos do século XX, que mais tentou retratar o caráter aleatório e contrário de Aristóteles, ou seja, a definição da descoberta da contingência (o homem não possui definição alguma, o homem como ser solitário, que não é nada antes de se fazer algo), principalmente em seu livro escrito antes da segunda guerra mundial, publicado em 1938, *A Náusea*[23].

Apesar de sua filosofia ter influenciado gerações, incomodou a sociedade francesa do pós-guerra. Prodígio desde muito cedo, Sartre se incomodava com a tradição filosófica francesa, que seguia uma linha

---

[22] De acordo com o sociólogo francês Émile Durkheim, é um conjunto cultural de ideias morais e normativas, a crença em que o mundo social existe até certo ponto à parte e externo à vida psicológica do indivíduo.

[23] SARTRE, Jean-Paul. *A Náusea*. Tradução Rita Braga. 25. ed. Rio De janeiro: Nova fronteira, 2019.

muito abstrata, recusando qualquer pensamento de cunho dialético. Apesar de ter sido fortemente influenciado por Kierkegaard, Hegel e Marx, Sartre encontra em Edmund Husserl (estudou com ele em seu confinamento provinciano entre 1933 até 1934, por meio da fenomenologia) o ponto de partida para sua própria filosofia.

Esta trajetória de Sartre começa com o livro *A transcendência do Ego* e culmina na sua obra máxima, *O Ser e o Nada*[24], sendo questão base a liberdade do ser, onde ele discute o existencialismo.

Ao me aventurar no livro de Jean-Paul Sartre, mesmo sendo de difícil compreensão e com um tom de "inatingibilidade", o que acabou me influenciando, mais como uma aventura de leitura do que um desejo propriamente dito, apesar de não concordar com seus pensamentos, até porque ele retrata a liberdade de uma forma exótica, ou seja, a liberdade existe porque, na visão do filósofo, Deus não existe.

Em casa, tenho a obra *A Náusea*, que foi o primeiro romance filosófico escrito quando o autor tinha apenas 26 anos, um pouco antes de começar a segunda guerra mundial, ou seja, 1938 traz muita luminosidade existencialista que aliás, é a base da escrita do autor. Na sua obra *O ser e o Nada*, que se inicia tratando sobre a consciência humana, afirmando que esta é relacionada a algo exterior a ela própria, o homem é o grande elemento central de sua obra, e para ele, é esse homem que é capaz de modificar as coisas, já que *a existência precede a essência*, e é aí que reside a liberdade da natureza humana.

Com ele comecei a encarar as obras clássicas sem medo e a compreender o que há por trás de uma obra que perdura o tempo, e a matéria descrita que é tão atual que parece que o livro acabou de sair do forno, independente da linha do tempo, ou seja, os clássicos.

Para tanto, voltando ao tema do presente capítulo, Sartre não pensa na consciência humana dentro dos seus limites internos, mas, pelo contrário, na compreensão do homem como ser-no-mundo, portanto, o homem é livre, não é nada mais do que aquilo que ele faz de si mesmo.

---

[24] SARTRE, Jean-Paul. *O ser e o nada*. 24. ed. Petrópolis: Editora Vozes, 2015.

Ser livre tem um certo preço, e isso eu concordo com ele.

Existem muitas discussões em relação à consciência e o tempo. Por exemplo, no livro *O Som e a Fúria*, de Willian Faulkner[25], o autor deixa claro que apenas a consciência que oscila o tempo todo seria uma consciência pura e simples, ou seja, atemporal.

Então, na visão do autor não é mais permitido estagnar o homem e dizer que ele é o resultado, ou somatório das vivências do passado, porque é precisa atirá-lo para o futuro, a partir do que ele será, por suas próprias possibilidades e experiências.

Que tal fazermos um teste. Topa?

Tente apreender sua consciência e observe. Você é o somatório de sua experiência passada ou do que você ainda não foi (analisando por base a consciência coletiva). Ou você é o somatório do seu presente com o seu passado?

Outra pergunta para você refletir: de onde surge a sua consciência individual?

Bom, com toda certeza você, leitor, estará fazendo suas análises de acordo com as suas experiências vividas, do ponto de vista do seu presente, momento atual, com toda bagagem que você traz de outras existências. Sendo assim, nada mais justo que dizer que passado e futuro, em tese, não existem, e sim o presente predomina e resume o seu ser, por meio do somatório já vivido.

Os princípios do ser individual são a conquista do indivíduo com o tempo, é um resultado do processo evolutivo.

Para tudo que está dentro da vida física existe uma programação, mas existem variantes diante das nossas atitudes, relações e pensamentos.

Então, cuidar de nossos sentimentos, elevando nosso pensamento ao alto, é um princípio basilar das leis morais e naturais que nos agasalham nas nossas experiências e vão descortinando todos os arquétipos existentes em nosso inconsciente.

---

[25] FAULKNER, Willian. *O Som e a Fúria*. 1. ed. São Paulo: Companhia das Letras, 2017.

SEGUNDO CAPÍTULO

O SER E A CONSCIÊNCIA

Uma existência é um ato.
Um corpo, uma veste.
Um século – um dia.
Um serviço, uma experiência.
Um triunfo – uma aquisição.
U'a morte – um sopro renovador.

André Luiz

A natureza humana é um dilema filosófico, científico, religioso e social, que transpassa o mundo desde que é mundo, estudada há muitos séculos, pesquisada em muitos livros e relatada por muitos estudiosos.

A história está permeada de propostas acerca deste tema que faz refletir, questionar e filosofar a respeito da essência humana. Muitos filósofos, educadores, psicólogos, neurocientistas, intelectuais de todas as partes do mundo baseiam suas obras e projetos em torno de uma determinada ideia sobre o que é o ser humano e sua consciência.

O próprio homem tem uma certa ideia sobre isso, que varia de acordo com a convicção religiosa, com a região do mundo que habita, com a cultura predominante, e momento histórico vivido. Sem uma ideia unívoca sobre o homem, estaremos sempre elaborando teorias, ideias, pontos de vista e teses de diversas linhas, que muitas vezes são falhas por não compreenderem a estrutura primordial da criação Divina, ou seja, o gene Divino.

Mais isso é normal, estamos em constante busca de entender as coisas, de nos reinventarmos, de descobrirmos, isso tudo leva tempo e permissão celeste.

A questão filosófica fundamental sobre o ser é que a sua natureza passa pelo estabelecimento de que a matéria e o espírito são elementos distintos, porém oriundos de uma mesma substância, que se enlaçam para fazer cumprir os propósitos divinos.

O *Livro dos Espíritos*[26], de Allan Kardec (Hippolyte Léon Denizard Rivail), que é o primeiro livro da codificação espírita, é um livro de filosofia espiritualista e que contém os princípios da doutrina espírita. Trata primeiramente sobre a matéria e sua natureza, sobre o espírito e sua natureza fazendo a correlação de ambos.

Todo arcabouço filosófico, científico e religioso da doutrina dos Espíritos, repousa sobre a matéria, o espírito e a força suprema, causa primeira de todas as coisas – Deus, que são considerados os elementos do Universo.

O físico Albert Einstein definiu o homem no século XX como "um conjunto eletrônico regido pela consciência". Seria essa consciência que ele falava, a alma, o *Si* profundo, que preexiste ao corpo material e vive eternamente, numa constante busca da evolução pessoal.

Boécio (480-524), poeta e político do último período Romano, que tinha como frase: "O homem é um mundo em miniatura", sendo um dos fundadores da filosofia cristã do ocidente, com pensamento ensinado nas universidades, nos centros de estudos e mosteiros com tradição católica, ganhou destaque na vida histórica da Itália, onde tentou restabelecer um acordo entre romanos e godos, definiu a pessoa/ser como construída por uma substância individual de natureza racial.

Os gregos, no entanto, com sua tradição racionalista irredutível, conceberam "o homem como senhor de sua própria constituição e destino".

---

[26] *Ibidem*, p. 10.

Xenófanes[27] de Cólofon, nascido em 570 a.C, foi um homem muito sábio e admirado. Considerado "filósofo da *physis*", foi um dos principais filósofos pré-socráticos, pertencente à Escola Eleata, grande crítico da religião grega, principalmente em relação ao politeísmo pois tudo é Uno, o ser humano é uno e o Uno é Deus. Passou a maior parte de sua vida vagando pelo Mar Mediterrâneo. Dizia que os deuses são, na verdade, criação do homem dentro de seu contexto social.

Epicuro (341-269 a.C) acreditava que a filosofia é o melhor caminho para se chegar à felicidade. Para ele, significava libertar-se dos desejos, filosofar. Ele defendia a liberdade humana e a tranquilidade do espírito, sendo essa a essência do ser – a liberdade.

Santo Tomás de Aquino, considerado o príncipe da escolástica, padre italiano da Idade Média, descreveu a constituição do homem como uma "folha em branco" onde, ao longo da vida, o homem escreve sua própria história e define, a partir de suas impressões, sua essência e natureza. Esta visão admite e consolida, portanto, a noção de que a construção do ser humano está intimamente ligada ao meio em que esse homem se insere dentro de uma comunidade, local, cidade.

Após séculos de guerras e crueldades, Sócrates, o grande herói dos diálogos platônicos, pois não existe evidência que o mesmo tenha escrito alguma obra, assim dizia: "ainda não cheguei a ser capaz, como recomenda a inscrição Délfica, de conhecer a mim próprio, parece-me ridículo, mas não são as fábulas que investigo: é a mim mesmo".

Heráclito, um dos primeiros filósofos da tradição ocidental, afirmou que o homem é tão mutável quanto o cosmos no qual está inserido, não havendo distinção entre um e outro. Por isso afirmou que "o mesmo homem nunca se banha no mesmo rio, pois outras são as águas, e outro é o homem".

A partir de Platão, o homem torna-se o centro das investigações filosóficas.

Ele, que foi aluno de Sócrates e professor de Aristóteles, ensinou que é por meio da razão e da investigação interior que o homem se

---

[27] PORFÍRIO, Francisco. "Xenófanes". *Brasil Escola*. Disponível em: https://brasilescola.uol.com.br/filosofia/xenofanes.htm. Acesso em: 15 maio 2020.

elevaria até o mundo das ideias perfeitas. Na sua obra mundialmente conhecida *A república*[28], que funda a filosofia política ocidental, ele escreve como o mundo é, não como deve ser, sendo o homem inserido nesse mundo.

Com René Descartes teremos o surgimento da dúvida metódica e da visão mecanicista do mundo. *"Penso, logo existo"* define o homem unicamente pela razão, e a realidade deixa de ser uma "sombra de um mundo espiritual" e passa a ser um vasto campo de pesquisa a ser desvendada.

Maquiavel, em sua obra principal, *O príncipe*[29], que é fruto de sua experiência como diplomata a serviço da República Florentina, detalha uma ideia pessimista do homem. O governante, considerando que os homens são de natureza egoístas, cruéis e traiçoeiros, deve se impor com violência para que não seja traído ou perca sua liderança.

No livro, o autor apenas aconselha o governante da maneira fria e cruel como ele mesmo presenciou. Esse entendimento se extrai das máximas de seu livro no seu *Discurso sobre Tito Lívio* e da *História de Florença*, tanto é que a corte de Roma proibiu o livro por muito tempo.

De outra banda, no livro *O ser consciente*[30], de Divaldo Franco, pelo espírito de Joanna de Ângelis, é dito

> [...] que o ser consciente é austero, mas sem carranca; é jovial, porém sem vulgaridade; é complacente, no entanto sem conivência; é bondoso, todavia sem anuência com o erro, ajuda e promove aquele que lhe recebe o socorro, seguindo adiante sem cobrar retribuição.

---

[28] PLATÃO. *A república*. Tradução de Edson Bini. Editora Pro, 2019.
[29] MAQUIAVEL, Nicolau. *O Príncipe*. Tradução de Maria Júlia Goldwasser, revisão da tradução de Zelia de Almeida Cardoso. 3. ed. Totalmente revisada. São Paulo: Martins Fontes, 2004
[30] FRANCO, Divaldo Pereira. *O ser consciente*. 1. ed. Pelo Espírito de Joana de Ângelis (psicografado por Divaldo Pereira Franco). Salvador: Leal, 2018. (Edição comemorativa dos 25 anos da série psicológica, v. 05, p. 11).

A natureza do ser, conforme analisamos anteriormente, com alguns exemplos de filósofos em sua respectiva época, tem ainda uma natureza não totalmente conceitual, mas do ponto de vista de cada um a cada tempo esmiúça-se um campo ainda maior para a descoberta real da nossa existência.

O certo é que no inconsciente está a chave de toda essa descoberta, onde mais cedo ou mais tarde o ser humano irá desvendar por completo e conseguirá atingir os campos mais profundos da sua alma, descobrindo assim, sua natureza, e por consequência sua essência.

Essa natureza tende a cominar no arquétipo primordial (arquétipo da existência). É com ela que nos unimos e integramos em um ser único, o todo, o nosso Criador maior, de inteligência suprema, causa primeira de todas as coisas.

A autoconsciência se lhe afirma com o passar do tempo, à espera do descobrimento que está em latência. A partir daí conseguiremos triunfar por caminhos até então não percebidos que vão nos orientar para o despertar da existência humana.

Na obra de Divaldo Franco, pelo espírito Joanna de Ângelis, chamada de forma um tanto angelical, *Ilumina-te*[31], ao falar sobre consciência e dever, com muita propriedade observa que a aquisição da consciência pelo ser humano foi um dos mais grandiosos momentos do processo da evolução antropopsicológica.

Portanto, alcançando o estágio de ser pensante, o espírito faz-se responsável por suas ações, sabendo distinguir o bem do mal, sendo por seu livre-arbítrio a escolha de qual caminho pretende percorrer.

As leis humanas têm por objetivo traçar as normas de convivência saudável dos indivíduos, dando lugar ao respeito e à convivência mútua e organizada para o bem de todos.

Já as leis divinas estabelecem a harmonia cósmica do Universo, estabelecendo as leis morais do ser. São elas: Lei de Adoração, Lei do Trabalho, Lei de Reprodução, Lei de Conservação, Lei de Des-

---

[31] FRANCO, Divaldo Pereira. *Ilumina-te*. Divaldo Pereira Franco/Espírito Joanna de Ângelis. Catanduva: Intervidas, 2013, p. 177.

truição, Lei de Sociedade, Lei de Progresso, Lei de Igualdade, Lei de Liberdade, Lei de Justiça, Amor e Caridade e Lei da Perfeição Moral.

Portanto, quanto mais a consciência aprofunda o autoconhecimento, mais fácil se lhe retorna a conquista da plenitude, pois ninguém foge da lei do Progresso.

Todos nós somos seres inteligentes criados por Deus e submetidos a sua vontade. Deus existe de toda eternidade e isso é incontestável. Agora, saber como e quando ele nos criou, isso é outra incógnita que ainda não podemos desvendar.

TERCEIRO CAPÍTULO

DO CONHECIMENTO DE SI MESMO

Só se vê bem com o coração. O essencial é invisível aos olhos.

Antoine de Saint-Exupéry, O Pequeno Príncipe

Allan Kardec questionou aos espíritos benfeitores, na questão 919 de *O Livro dos espíritos*[32]: "Qual o meio prático mais eficaz que tem o homem de se melhorar nesta vida e de resistir à atração do mal? Eles responderam: Um sábio da antiguidade vo-lo disse: conhece-te a ti mesmo".

Todo aquele que cada noite lembrar de tudo que fez no dia, e se perguntar o que fez de bem ou mal, passando revista na consciência, pedindo a Deus e ao seu anjo protetor para esclarecer, adquire força diária para buscar o seu aprimoramento.

Caso ocorresse de você desencarnar hoje, ao chegar no mundo dos espíritos, você teria o que temer? As respostas são um *checklist* para a consciência.

Comentando a resposta do conhecer a si mesmo, Santo Agostinho[33], Espírito entre outras considerações, explicitou:

> [...] O conhecimento de si mesmo é, portanto, a chave do progresso individual. Mais direis, como há de alguém julgar-se a si mesmo? Não está aí a ilusão do amor próprio para atenuar as faltas e torná-las desculpáveis? O avarento se considera apenas econômico e previdente; o orgulhoso julga que em si só há dignidade. Isto é muito real, mas tendes um

---

[32] Ibidem, p. 286.
[33] Ibidem, p. 287.

> meio de verificação que não pode iludir-vos. Quando estiverdes indecisos sobre o valor de uma de vossas ações, inquiri como a qualificaríeis se praticada por outra pessoa... [...]

Para ocorrer o despertar do Si, precisa haver o autodescobrimento, que é o meio de todos os serem humanos encontrarem a tão sonhada felicidade. Mais cedo ou mais tarde, você chegará em um momento de sua vida que irá transformar sua forma de ver e o sentir o mundo e então você encontrará a porta certa que o conduzirá às escadas da evolução, para atingir o tão sonhado numinoso.

Em face da infinidade de conhecimento é impossível nos aprimorarmos tudo o que precisamos em uma única existência.

Sendo assim, é indispensável o mergulho na esfera carnal, várias vezes e de diversas formas, para que se desenvolva tudo que está em latência dentro do inconsciente.

À medida que o ser evolui, descobre as infinitas possibilidades que tem de se autocurar, autoprevenir, autolibertar dos males que buscou, enfrentou e que ocasionou.

O ser humano, na sua constituição tríplice: espírito, períspirito e matéria, é um conjunto sob comando da consciência, na qual se encontra a semente do Divino com suas leis naturais.

Olhar para dentro e resgatar a criança interior, localizando os nossos problemas mais obscuros e nos responsabilizarmos para poder tratar e cuidar do nosso íntimo, curando-nos cada dia um pouco, vamos chegar à tão sonhada ascensão espiritual.

Deixar de nos vitimarmos e de jogar no outro as responsabilidades é um bom começo. A autonomia tira do outro a responsabilidade e transporta para o eu, e esse é o fenômeno do autoamor.

De certo modo, tudo decorre dos imperativos da Lei de Causa e Efeito, que inscreve nos seres, o que lhe é necessário para a evolução, seja pelo amor ou pela dor.

Você escolhe o caminho.

"A cada um será dado segundo as suas obras", alerta-nos Jesus. Se o tempo é patrimônio comum para todos, o uso bom ou mau que dele fizermos é problema particular de cada um.

Faz-se então indispensável no ser o aprofundamento da busca da realidade, ultrapassando os atavismos que o impedem de progredir, olhando para o interior. Trata-se de um verdadeiro desafio, com intenção lúcida, de dentro para fora, na busca primordial das pérolas deixadas pelo nosso Criador dentro de cada um, como se fosse uma gota da essência do seu amor.

Esse movimento não ocorrerá da noite para o dia, leva tempo para resgatar todo o homem velho, transformando-o em homem novo.

Muitas vezes a criança interior é tão invasiva que será necessário apoio de demandas externas, como de profissionais capacitados (psicólogos, psiquiatras, terapeutas) ou até mesmo de apoio químico, como a ingestão de psicotrópicos, para conseguir sair da armadilha em que vivemos.

Muitas das nossas dores internas (abandono, vergonha, baixa autoestima, depressão) são advindas da falta da busca interna, do conhecer-se, do medo de mexer nas feridas que não foram cicatrizadas no pretérito e que a cada pouco inflamam e nos fazem sofrer.

Quando estamos preocupados em demasia com as tarefas diárias, com a opinião do outro, com as aparências, as conquistas materiais, a inveja, o orgulho, convívios sociais desprovidos de qualquer engrandecimento pessoal, disputas insignificantes, ascensões de cargos, lutas mascaradas, descuidamos do nosso interior e dos que amamos, permanecendo ignorantes e estacionários na busca do autodescobrimento.

Deixar de exigir dos outros e parar de sufocar o próximo, colocando nele as nossas próprias dificuldades, é o verdadeiro triunfo a ser percorrido por cada um de nós.

O autoconhecimento se refere à qualidade de vida e à paz de consciência que você já alcançou. Existe um ditado popular que diz: "A quem deu tudo a mais não é obrigado".

Não existe roteiro pronto, o que ocorre é que o ensinamento é dado a todos por meio da consciência, mas o caminho só existe à medida que se faz a trajetória, ir em movimento, ninguém o fará por você.

Não existe lei do menor esforço, cada dia fazendo um passo, se respeitando e conhecendo, chegaremos ao topo da montanha.

Existe o ditado popular: "Faça o que eu digo, mas não faça o que eu faço". Isso reflete que as pessoas sabem o caminho correto, mas o negam, procurando os caminhos mais curtos.

A vida nos oferece uma trilha, um caminho, compete a nós dar os primeiros passos.

Santo Agostinho dizia: "fazei como eu faço". Diariamente, perseverante, disciplinado. Atitudes disciplinadas tornam-se, no futuro, espontâneas. Passe em revista a sua consciência.

Partimos para um exemplo prático. Quando a gente come muito, isso nos faz mal não é? Pois bem! É Deus que traça a medida do que é preciso. Quando nós ultrapassamos esse limite, somos punidos. Isso é o mesmo em tudo. A lei natural indica o limite de nossas necessidades. Todo o supérfluo, o que vai além do equilíbrio, leva ao sofrimento. O homem muitas vezes não escuta, ou finge não ouvir, porque está emaranhado nas paixões terrenas. Se o homem escutasse essa voz que está na consciência, que diz "basta", evitaria a maior parte dos males, dos quais acusa a sua existência.

Esperar o dia que a gente vai gostar de fazer não é o rumo, pois esse dia nunca chegará, pois, o ser humano gosta de se sabotar.

Fomos criados simples e ignorantes, temos todos os caminhos em nossa frente, basta escolher a melhor opção, a partir das experiências vividas, das montanhas peregrinadas e das pedras colhidas pelo caminho.

Os destinos podem ser modificados por atos disciplinados. Todos os atos disciplinados convergem para verdadeiras soluções e mudanças para melhor.

Olhe para dentro de sua consciência e reflita o seu conhecimento escondido. Aquelas desculpas diárias sabotadoras são preguiça ou necessidade vital?

Pare de arranjar desculpas...

Qual é a motivação dos seus atos?

Eu bebo em demasia porque é bom? Qual o motivo? Ou, talvez, ingere como gatilho?

Olhe dentro de si e busque a resposta, passe em revista o seu dia a dia e você chegará nas respostas dos atos diários.

Você faltou ao dever com alguém? Qual é a sua primeira obrigação?

Se você não sabe responder é porque ainda está incompleto.

A consciência avalia e lhe dá as respostas. Ela é "os universitários"[34], a instância superior, aquela que sabe o caminho.

A consciência sabe se há concordância dos seus atos diários com a Lei Divina. Como aprender a discernir? Como fazer?

No início é tudo igual, conforme você vai se observando, percebe as diferenças, analisa, decide, faz o próprio julgamento. Faz a separação interna do joio e do trigo.

Como você vai reconhecer o que é o joio e o que é o trigo? Qual é o nosso padrão?

Jesus deu o caminho, nosso padrão. *"Conhecereis a verdade e a verdade vos libertará"*. A verdade do Cristo, não as minhas verdades.

Fazendo isso constantemente, diariamente, você mantém a casa organizada, afastando as desídias, as negligências diárias, a preguiça avassaladora.

Mas como realizar a compreensão das verdades do Cristo? Praticando a meditação, as orações diárias, elevando o pensamento ao alto, construindo cada dia o autodescobrimento através do autoa-

---

[34] No sentido de que a consciência nos orienta, "os universitários" é referência ao antigo programa do canal SBT – *Show do Milhão* –, é uma forma de dizer: eles regulam as regras.

mor e, acima de tudo, praticando o *mindfulness*[35] e o controle diário das emoções.

O convite já foi feito, foi pelo amor. Se você não o aceitou, ele vem pela dor, como um cão bravo, e aí não tem mais opção, você terá que suportar a dor, com bastante resiliência para poder enxergar a luz no final do túnel.

Vivemos em uma sociedade que não valoriza o conhecimento interno, vivemos voltados para o exterior. Vivemos em um verdadeiro deserto interior. O interior é uma janela que se abre de dentro para fora, cabe a cada um despertar isso.

A sociedade nos ensinou a nos distrairmos, a não pensar no interior. Buscar fugas, vícios, prazeres, bebidas, distrações inundáveis, para não se conhecer inteiramente.

Hoje eu mereço. Vou beber todas e esquecer dos problemas.

Por que tanta distração?

Daí vem a vida e coloca você para estacionar fisicamente. Fica doente, vai fazer um exame demorado, precisa ficar de cama e daí você não aprendeu a parar e se enxergar internamente.

As redes sociais, Instagram, Facebook, Twitter, nos distraem do nosso interior, disfarçam as paredes com rachaduras do inconsciente. É uma verdadeira fuga interna.

Francisco Cândido Xavier via esse autodescobrimento como uma luz, uma alegria que ilumina o ser. O homem não está destinado a viver no estado natural, ele foi criado para evoluir tanto moralmente como intelectualmente. O homem se liberta pelo progresso e pela civilização.

Onde eu começo? Pelo começo.

Coloque as coisas nos lugares, em primeiro lugar observando os princípios morais. O respeito ao próximo. Construa a sua casa interna sobre a rocha de Jesus, sobre a pedra angular que é o Cristo.

---

[35] Atenção plena, estar conectado com o presente.

No ano de 2019, recebi uma dica de leitura da minha psicóloga, carinhosamente chamada de Jô, o livro *Onde estão as moedas*[36], de Joan Garriga Bacardí. O livro é cheio de possibilidades e reflexões, e nos mostra que devemos ter gratidão pelas moedas recebidas do nossos pais, pois eles nos deram as moedas suficientes para darmos continuidade a nossa vida. E, assim, somarmos moedas para entregar aos nossos filhos.

Assumir o nosso legado familiar, ter gratidão e desprender-nos dos julgamentos, pois todos, de certa forma, fazem a sua parte, do modo que entendem o mundo.

O homem segue o progresso moral, naturalmente, mas nem todos estão na mesma escala de desenvolvimento. Os mais avançados ajudam o progresso dos outros e, assim, mutuamente o coletivo se transforma.

Nesse momento, sinto meu coração encher-se de paz e de alegria, por me lembrar de meu saudoso pai, que desencarnou em 26 de junho de 2010, em um sábado lindo de inverno, quando, a princípio, parecia ter levado consigo todas as nossas asas de segurança, como se não fôssemos mais capazes de dar continuidade à vida. A essa falsa ideia somou-se um vazio, mas lembrei-me das moedas recebidas dele no decorrer da minha vida e preenchi cada espaço que me faltava.

Confesso que demorou um certo tempo, onde me prendi nos atavismos da minha existência, pois, ao mesmo tempo, estava gerando a minha primogênita Giulia.

As moedas que eu merecia naquele momento eu já as tinha recebido, bastava eu colocar em prática tudo que havia aprendido.

Naquele momento, a minha casa estava prestes a ruir. Ou eu a derrubava para construir uma mais sólida, ou eu a reconstruiria em cima de escombros. Com o passar do tempo, construí novamente forças para vencer a perda, coloquei cimento, reforcei os alicerces,

---

[36] BACARDÍ, Joan Garriga. *Onde estão as moedas*. As chaves dos vínculos entre pais e filhos. 3. ed. Campinas: Editora Saberes, 2011.

compreendi a verdadeira benção de ter um pai maravilhoso, cheio de humildade e carinho por 37 anos.

Dos filhos, fui a mais privilegiada. Tive-o ao meu lado na formatura, no meu enlace conjugal, e pude receber muitos ensinamentos, o que meus irmãos não tiveram a oportunidade. Foi aí que a minha ficha caiu. Eu era feliz e abençoada e não sabia.

A vida não comete nenhuma injustiça, ninguém chora por engano.

Você não encontrará as moedas que precisa em nenhum lugar ou pessoa, as moedas estão dentro de seu coração, dentro do seu universo interno.

Seu legado é somente seu, de forma íntima. A força serena e da maturidade vem com o tempo, mas as moedas já estão consigo, sempre estiveram, procure-as aí dentro e encontrarás.

Suba a sua montanha. Você existe e tem uma nobre missão para cumprir. Acredite. E o desprendimento faz parte do aprendizado.

Meu pai sempre dizia: *"Filha, você é feliz e não sabe".* Naqueles tempos não compreendia a sua fala, pois ainda estava com uma cortina nebulosa em minha alma e não compreendia as profundezas de suas palavras.

Conselhos recebidos, quase que diariamente, e que Deus nos oportunizou a ter uma experiência de vida incrível, exatamente quatro meses antes de seu desencarne.

Experiências salutares, discussões, momentos de conversa e crescimento pessoal, desprendimento da matéria, viagens, realização de sonhos, troca de confidências, tudo isso vivi nos últimos quatro meses antes de sua partida para o mundo espiritual.

De forma invisível o desenlace operava-se e nós não sabíamos, mas no fundo ele tomava todas as decisões para a vida futura da família. Todas foram tomadas com absoluta desteridade que, ao passar do tempo, foi encaixando o quebra-cabeças.

Lembro-me até hoje. No dia anterior do seu desencarne, em uma conversa na presença de uma amiga especial, ele disse: *"Olha, não se preocupem, nós somos iguais a passarinhos, ao morrer tudo acaba"*.

Mal sabíamos que, em exatas 24 horas, tudo se transformaria de águas calmas para as ondas de um oceano.

Tudo conspirava para uma grande jornada. Eu, ele e minha família.

Mas, como tudo no decorrer do tempo não se apresentava de forma lúcida, por ainda não ocorrer o merecimento, tudo acabou sendo desvendado após seu desencarne, por meio de alguns contatos espirituais.

Obtive respostas, desvendaram-se meus medos e dúvidas, aclarou-se o mundo espiritual e me deu infinitas possibilidades de avançar e aprender, cada dia mais.

Hoje, após 10 anos de sua partida, sinto-me muito mais completa espiritualmente, e consigo encontrar os bálsamos e os lenitivos da sua passagem na terra como meu pai, ou melhor, meu grandioso pai.

As experiências vividas com ele e a gratidão por ter sido sua filha são quase que um oásis para mim.

Daí a perfeição do ensino máximo de Jesus: *"Amar a Deus sobre todas as coisas e ao próximo como a si mesmo"*. Essa máxima deve ser guardada a sete chaves dentro do nosso coração, e sempre, diariamente, se aperfeiçoar-se nela e se reeducar.

Jesus é o modelo, é o projeto que nos dá referência. Ele é o médico e o psicólogo que nos ampara diariamente e traz soluções que muitas vezes não percebemos.

Naquele momento que eu estava passando pela perda do meu pai, mal percebia que ao meu lado eu tinha toda a força basilar necessária, que me levantaria dos escombros e colaria todos os cacos da minha vida e da minha família de origem. Naquele momento, Deus me deu o melhor consolo, o mais salutar remédio, o melhor amparo que eu necessitava, que foi o meu esposo Luciano.

Portanto, todos os bálsamos que precisamos para seguir a caminhada diante dos momentos difíceis da vida, nós vamos encontrar no nosso próximo que reflete ao mesmo tempo as mãos amigas de Jesus.

Assim, nunca meça a sua generosidade pela ingratidão do outro. É por Jesus que fazemos. Aquele que se dispõe fazer o bem, ser generoso, vai precisar aprender o gosto amargo da ingratidão.

Diagnosticar defeitos nos outros e em nós mesmos é fácil, o difícil é a terapêutica, os bálsamos para romper as chagas. Precisamos nos conhecer para saber até onde podemos ir, mas o nosso modelo sempre será Jesus.

Jesus não é só uma cruz pregada na parede, é um modelo a ser visto, seguido e copiado.

Cuide de sua semente, as qualidades já estão dentro delas. Prepare o terreno, o regue e tenha fé. Nunca deixe de plantar.

Lembre-se que você sempre terá a liberdade da consciência, e este é o ponto crucial do progresso humano.

Nessa incursão interior, descobrimos quem somos nós, e quais as infinitas possibilidades que lá existem à nossa disposição para desenvolver os propósitos íntimos e viver plenamente em harmonia.

Esse insight que ocorre quando nos encontramos é como se achássemos a chave do baú secreto que existe dentro de cada um de nós.

E aqui começam as bem-aventuranças, ou seja: a ansiedade cede lugar à harmonia, a hostilidade à cordialidade, a insegurança abre espaço para a fé divina em nosso Criador e o mundo se apresenta como uma verdadeira oportunidade de crescimento e não mais como agressivo e incompreensível, ou injusto, como muitos ainda creem.

Aquele que é livre internamente não vê mais obstáculos pela frente, tornou-se um soldado para combater as próprias batalhas internas, vendo no outro as escadas para a verdadeira ascensão da vida imperecível.

QUARTO CAPÍTULO

LEI DO AMOR

Ainda que eu falasse as línguas dos homens e dos anjos, e não tivesse amor, seria como o metal que soa ou como o címbalo que retine.

E ainda que tivesse o dom de profecia, e conhecesse todos os mistérios e toda a ciência, e ainda que tivesse toda fé, de maneira tal que transportasse os montes, e não tivesse amor, nada seria.

E ainda que distribuísse todos os meus bens para sustento dos pobres, e ainda que entregasse o meu corpo para ser queimado, e não tivesse amor, nada disso me aproveitaria.

O amor é sofredor, é benigno; o amor não é invejoso; o amor não se vangloria, não se ensoberbece, não se porta inconvenientemente, não busca os seus próprios interesses, não se irrita, não suspeita mal; não se regozija com a injustiça, mas se regozija com a verdade; tudo sofre, tudo crê, tudo espera, tudo suporta.

O amor jamais acaba; mas havendo profecias, serão aniquiladas; havendo línguas, cessarão; havendo ciência, desaparecerá; porque, em parte conhecemos, e em parte profetizamos; mas, quando vier o que é perfeito, então o que é em parte será aniquilado.

Quando eu era menino, pensava como menino; mas, logo que cheguei a ser homem, acabei com as coisas de menino.

Porque agora vemos como por espelho, em enigma, mas então veremos face a face; agora conheço em parte, mas

> *então conhecerei plenamente, como também sou plenamente conhecido.*
>
> *Agora, pois, permanecem a fé, a esperança, o amor, estes três; mas o maior destes é o amor.*
>
> Coríntios, 13: 1-13

Cada um em seu ritmo, cada um desenha seu percurso, mas Jesus já nos mapeou há mais de dois mil anos atrás, por meio da Lei do amor, o melhor caminho.

Em todo o Universo, vige o amor do Criador, e não existe lugar onde haja carência desse sentimento que a todos e a tudo envolve.

No livro *Amor, imbatível amor*[37], de Divaldo Franco, pelo Espírito Joanna de Ângelis, no capítulo "em busca de si mesmo", a veneranda amiga espiritual nos ampara sublinhando que o amor desempenha um preponderante papel no ser saudável. Sem ele nos manteríamos no primarismo, na generalidade das expressões orgânicas, sem qualquer controle dos nossos comportamentos.

Nesse diapasão, ela nos ensina: "crescendo ao lado da razão, o sentimento de amor é o grande estimulador para o progresso ético, social e espiritual da criatura, sem cuja presença se manteria nas necessidades primárias sem maior significado psicológico."[38].

Dentre as Leis Divinas, expressão do amor de Deus, há a Lei de Progresso, à qual estamos submetidos e que nos dá condição de desenvolvermos e sedimentarmos essa substância criadora e mantenedora do universo, o amor.

O Espírito Joanna de Ângelis, no livro *Autodescobrimento*[39], de Divaldo Franco, define para nós esse sentimento:

---

[37] FRANCO, Divaldo Pereira. *Amor, imbatível amor*. Pelo espírito de Joana de Ângelis (psicografado por Divaldo Pereira Franco). Salvador: Leal, 2018. (Edição comemorativa dos 25 anos da série psicológica de Joana de Ângelis, v. 9, p. 202-203).

[38] Ibidem, p. 202.

[39] FRANCO, Divaldo Pereira. *Autodescobrimento*: uma busca interior. 1. ed. Pelo espírito Joanna de Ângelis (psicografado por Divaldo Pereira Franco). Salvador: Leal, 2018. (Edição comemorativa dos 25 anos da série psicológica de Joanna de Ângelis, v. 06, p. 112).

> O Amor é o poder criador mais vigoroso de que se tem notícias no mundo. Seu vigor é responsável pelas obras grandiosas da humanidade. Na raiz das realizações dignificadoras, ele se encontra presente delineando os projetos e impulsionando os idealistas a sua execução. Alenta o indivíduo, impulsiona-o para frente e faz-se refúgio para a vitória sobre as dificuldades. No amadurecimento psicológico do ser, ei-lo (o amor) direcionando todos os ideais e sustentando em todos os embates aquele que permite desabrochar qual lótus esplendente sobre as águas turvas e paradas do charco do qual pousa em triunfo.

O amor é o sentimento que dimana do Criador Universal, e a postura amorosa desperta a consciência do si.

No início, vamos ter só instintos e uma longa caminhada. Os instintos são desígnios da divina providência, pois o amor de Cristo é imenso e não abandona nenhuma de suas ovelhas, mas temos que fazer nossa parte, aquilo que nos cabe, para nos regenerarmos.

Saulo de Tarso, *Publius Lentulus*[40] foram exemplos de ovelhas perdidas que se reconectaram com o Criador no momento em que deixaram florescer o amor de Cristo em seus corações. Assim também somos nós, e isso leva séculos.

Cada um tem uma missão, seu ministério. Quantas vezes Jesus já chamou e o convidou?

Cada ser irradia o que tem internamente. Mesmo que uma pessoa esteja muito bem apresentada, pode provocar um mal-estar, mas, quando a mesma pessoa é libertada de atavismos exteriores, desperta sensações agradáveis que nos envolvem e nos permitem passar horas conversando com ela.

O amor puro é o reflexo de Deus em todas as criaturas. É o plasma divino que envolve tudo e a todos, sendo a silenciosa esperança do céu, respeitando o momento de todas as consciências na terra.

---

[40] Publius Lentulus foi um senador romano que se deslocou para a Palestina na época da crucificação de Jesus, citado no livro *Há dois mil anos*, de Francisco Cândido de Xavier, pelo Espírito Emmanuel, sendo uma das encarnações de Emmanuel.

Na caminhada evolutiva, saímos dos instintos para a sensação e emoção e, ainda aqui, a mentora Joanna de Ângelis[41] nos esclarece, dizendo:

> A criatura humana é um feixe de sensações, resultado natural dos períodos primários da evolução, em trânsito para a realidade das emoções. O homem sensação é exigente e possuidor e, ao despertar a emoção, torna-se natural a valorização do próximo e da vida. A sensação é herança do instinto dominador a emoção é tesouro a conquistar pelos caminhos da ascensão.

Instruindo-se e purificando-se, o homem atinge o sentimento puro, e o mais sublime é o amor, e o amor resume toda a doutrina do nosso Mestre Jesus pois, sendo o amor humanizado e cooperado com a sua vibração, faz com que aquele que o encontre se modifique, ou seja, aquele que encontra Jesus nunca mais é o mesmo e nada poderá detê-lo.

Conta-nos Divaldo Pereira Franco o momento em que a Madre Teresa de Calcutá encontrou Jesus.

Diante da cruz, ela se deteve a vê-lo de uma forma especial. Aos seus pés, estavam escritas duas palavras: "Tenho sede".

Aí ela se perguntou: "O que é que já lhe dei para aliviar a sua sede?"

E a Madre resolveu dar-lhe de beber. Saiu da casa monasterial que a resguardava. Um dia, passando por um depósito de lixo, escutou um gemido, no meio de vários corpos inertes. Aproximou-se da criatura, a envolveu, aconchegou-a no seu regaço.

Aquele ser, no leito da morte, narrou-lhe sua mágoa e a irmã a conclamou ao perdão. Ela lhe perguntou: "Qual é a sua religião?".

A Madre lhe respondeu: "É o amor".

"Qual o seu Deus?"

---

[41] FRANCO, 2018, p. 112.

"Meu Deus é você, porque se, em verdade, eu não a amar, como amarei a Deus? O meu Deus é uma ilusão que eu tenho muito longe de mim."

E por fim, ela lhe perguntou: "Por que age assim?".

"Porque agora eu conheço Jesus".

A mensagem do Mestre é toda Amor, e aquele que o encontra modifica-se, por deixar-se de se envolver na chama viva desse sol que aquece os corações e vivifica-os fazendo-os vigorosos.

O principal inimigo que podemos vencer é o medo. Com ele não conseguiremos alcançar os benefícios do amor, que nos conduzem a maravilhas do mundo.

Aproveitar a gloriosa oportunidade de expansão pelo amor na esfera física é o melhor presente que podemos nos dar.

No livro *Pensamento e vida*[42], de Francisco Cândido Xavier, o Espírito Emmanuel nos mostra que foi por amor a nós que Jesus, "enviado por Ele à Terra para clarear-nos a senda, em cada passo de seu ministério tomou o amor ao Pai por inspiração de toda a vida, amando sem a preocupação de ser amado e auxiliando sem qualquer ideia de recompensa."

Para seguir o caminho correto e cheio de luz, não basta fazer as orações diárias ao acordar e ao se deitar, é necessário muito mais do que isso.

É necessária a diligência dos atos diários com o próximo, é necessário cuidar das palavras proferidas e da escolha dos caminhos a serem percorridos.

Maria de Magdala pusera, em princípio, a vida íntima nas mãos dos gênios perversos, todavia, caindo em si, sob a influência do Cristo, observa o tempo perdido e conquista a mais elevada dignidade, fazendo vibrar o Reino de Deus em seu coração.

Paulo confia-se a desvairada paixão contra o Cristianismo e persegue, furioso, todas as manifestações do Evangelho nascente; no entanto, caindo em si, perante o chamado sublime de amor do

---

[42] XAVIER, Francisco Cândido. *Pensamento e vida* (pelo espírito Emmanuel). 19. ed. Brasília: FEB, 2020d.

Senhor, penitencia-se dos seus erros e converte-se num dos mais brilhantes colaboradores do triunfo cristão do cristianismo primitivo.

Não deixemos as perturbações diárias, os gozos fantasistas, as mentiras carnais, os luxos das cascas da vida afastarem as linhas do amor que se encontram no nosso inconsciente, latentes, esperando uma oportunidade para aflorar.

Caia em si, transfira-se da inércia ao trabalho e você verá a vida diferente.

O próximo nos convida a partilhar o melhor do que temos para juntos, em cooperação, crescermos mutuamente.

Muitas vezes o caminho mais curto não é condizente aos ensinamentos de Jesus contidos em nossa consciência. Seguir esse caminho é ir contra o que está plantado em nossa alma. É ir contra as leis morais. É deixar de lado os arquétipos primordiais encontrados no nosso inconsciente.

E Jesus disse: *"Vinde a mim, todos vós que estais aflitos e sobre-carregados, que eu vos aliviarei. Tomai sobre vós o meu jugo e aprendei comigo que sou brando e humilde de coração e achareis repouso para vossas almas, pois é suave o meu jugo e leve o meu fardo"* (Mateus, 11:28-30).

Todas as nossas dores, decepções, perdas de entes queridos encontram consolação na fé que temos no nosso Criador, na justiça de Deus. Isso foi o que Cristo veio ensinar aos homens.

Entretanto, Jesus coloca uma condição nesse alívio, é a Lei do amor e da caridade. Seu jugo, portanto, é a obediência a essa lei que é suave, pois apenas precisamos observar o seu Evangelho e seguir.

Sendo assim, compete-nos apenas aceitar os ensinamentos e seguir, aí sim, estaremos protegidos pelas mãos divinas, evitando, assim, grande parte dos nossos sofrimentos que são causados pelos nossos erros. Não que eles não sejam necessários, mas em grande parte podem ser evitados.

A fé no futuro, na vida espiritual, nos dá a certeza de um mundo melhor. E só existirá mundo melhor quando pensarmos de uma forma única, através da lei divina.

Você já parou para pensar como você é um ser abençoado por Deus? Você já se deu conta das maravilhas que acontecem para você todos os dias, e nesse exato momento?

Você já fez a pergunta, assim como fez o Mestre ao cego de Jericó?

"Que queres que eu faça?"

Só o fato de você ter os membros inferiores e superiores saudáveis já é uma prova de que você precisa ser grato. Você pode correr, pular, trabalhar, viajar, dirigir, brincar com seus filhos, você tem todas as possibilidades e, mesmo assim, somos invadidos diariamente por sentimentos ditos "sombras" que nos desconectam do sentido da vida, fazendo com que mais críticas e observações negativas saiam de nossas bocas.

Considerando, por uma óptica pessimista, que apenas a sua é uma existência trabalhosa e difícil, você automaticamente perde os parâmetros do equilíbrio necessário para fazer uma análise correta dos infinitos pontos positivos existentes em sua vida material e espiritual, o que desencadeia uma autocompaixão, depressão, infelicidade e diversas doenças psicossomáticas que, em princípio, você nem seu médico conseguem descobrir a causa.

Estar convicto diariamente do amor de Jesus é acreditar que as dificuldades existentes em seu caminho são frutos advindos de sua própria teimosia em seguir pelo caminho das veredas mais prévias.

Por que tanto angústia em chegar primeiro? Por que querer adiantar algo que ainda não está pronto para você? Por que querer ganhar mais do que você está ganhando, se supérfluo o leva a adquirir itens desnecessários para a tua elevação espiritual? Por que querer ser melhor que seu vizinho, seu amigo? Por que invejar a conquista alheia?

Por que dedicar tanto tempo para as conquistas materiais e, em contrapartida, muitas vezes esquecer de tirar as ervas daninhas da alma?

São tantas perguntas...

Considerando que temos consolidada a preciosa e incontestável informação de que a semeadura é livre, mas a colheita obrigatória, procuremos plantar o bem, em qualquer circunstância e em qualquer situação, por maiores e mais complexos que sejam nossos problemas e dificuldades, que seguramente colheremos o bem, sempre.

O ser humano encarnado na terra é dotado de livre-arbítrio, que consiste na liberdade de decidir, de fazer escolhas, de conformidade com o seu discernimento.

Todos nós, durante o dia, tomamos várias decisões. Um exemplo trivial, que entraria neste cálculo, seria a decisão de ir por uma rua, e não por outra, para o trabalho, para a escola, para a repartição pública, para o banco etc.

Sendo livres para decidir, podemos escolher as sementes que vamos semear. Não deixar as sementes na beira do caminho já é um começo. A semente aqui é a palavra de Deus, sendo Jesus o semeador.

Regar e fertilizar o solo é sua responsabilidade, para que a palavra (semente) seja frutificada, desabroche e produza frutos necessário para a sua ascensão espiritual.

Os que ainda não se encontraram e estão à beira do caminho, no chão duro e impenetrável, representam aqueles que nem mesmo aceitam e recebem a palavra de Deus. Os pássaros que ali pairam representam as más companhias que se ocupam desse solo infértil para sugar todas as energias que ainda habitam aquele coração duro.

O solo pedregoso representa aqueles que já têm alguma condição espiritual de assimilar a palavra de Deus, mas sucumbem na primeira oportunidade, desistindo de seus ideais espirituais por conta das dificuldades ou perseguições. Tal fato, na parábola, é representado pelo sol que, não tendo a semente gerado raízes, por não haver muita terra, queimou a planta que germinava.

Os espinheiros simbolizam as seduções do mundo (vícios, sedução, drogas, álcool, fofocas, invejas, orgulho, mesquinharias). Trata-se, pois, de um solo potencialmente fértil, mas que, em vez de germinar a palavra de Deus, dá lugar aos espinhos da matéria, os melindres, as vicissitudes que crescem e sufocam a sementeira espiritual, numa equivocada tentativa de fechar buracos existentes pelos meios mais rápidos. O lado moral aqui é sufocado pelas tentações mundanas, o apego aos bens materiais e a ilusão dos desejos.

Por isso, seja essa terra fértil, esteja preparado para receber a semente que tanto vai impulsioná-lo e o levará para o caminho preparado pelo nosso Criador. Aja com afinco, coragem e fé em sua palavra, coloque em prática a sua voz interior que está em sua alma.

Faça uma pequena pausa nesse momento de leitura e responda a seu tempo: Que tipo de solo tenho sido? Quantos e quais frutos tenho produzido? O que estou fazendo com as sementes recebidas? Estou regando as sementes? Que sementes estou passando para meus filhos?

Seja você o doador e o formador de sementes pelo exemplo, começando espalhar para seus filhos, sua família, amigos e por que não à comunidade em que você vive.

Emmanuel, espírito, por meio da psicografia do eminente médium Francisco Cândido Xavier, no livro *Pão Nosso*[43], tratando de homens inquietos e insaciados que ainda não conseguiram compreender a semente (que é o título da mensagem), registra que eles "Não souberam aprender com a semente minúscula que lhes dá trigo ao pão de cada dia e lhes garante a vida, em todas as regiões de luta planetária".

Saber começar, e onde começar constitui-se um serviço muito importante para a sua escalada.

No esforço redentor, é indispensável que não se perca de vista as possibilidades pequeninas: um gesto, uma palestra, uma hora, uma frase, interpretar um sonho, ler um bom livro, compreender as coisas simples da vida por um sorriso de uma criança podem representar sementes gloriosas para edificações imortais.

Cada um ao seu tempo e no seu grau de entendimento. Mas é preciso dar o primeiro passo, deixar de viver na ilusão, nas promessas materiais.

---

[43] XAVIER, Chico. *Pão nosso* (pelo espírito Emmanuel). 30. ed. Brasília: FEB, 2019a.

Inúmeras vezes, uma palavra de encorajamento, de estímulo, de esperança, pode representar significativa mudança na existência atual de quem a recebe, contribuindo para que seu dia seja repleto de luz. Muitas vezes você irá receber a recompensa em algum momento do futuro, não necessariamente logo após o ato do bem, ou talvez, ainda não seja seu momento de colher e só de plantar.

Do mesmo modo, ouvir com atenção e interesse a quem esteja com medo, em dúvida, deprimido, angustiado, aflito ou até mesmo desesperado, pode representar, por si, valiosa ajuda para a superação de tais dificuldades, que vão representar a semente do amor de Cristo.

A empatia nos fortalece. Olhar o desespero do outro calçando suas sandálias é um ato de amor e humildade com o próximo.

O amor sem dúvida é a força Divina do Universo.

Paulo, escrevendo à amorosa comunidade Filipense, formula a seguinte indicação: "o amor deve crescer, cada vez mais, no conhecimento e no discernimento, a fim de que o aprendiz possa aprovar as coisas que são excelentes".

Perceba que, muitas vezes você teve a graciosidade de receber dons, dotes, tanto psicológicos, intelectuais, ou físicos, que podem contribuir e ajudar infinitas pessoas ao seu redor que não dispõem, no momento, da mesma aptidão. Basta um simples olhar, um gesto, um sorriso, um pouco de atenção, um aperto, um abraço, ou, talvez um simples bom dia, para tornar o dia da outra pessoa um pouco melhor.

Lembrem-se que habitamos o mesmo planeta terra e, juntos, estamos no mesmo barco de desenvolvimento, aprendizado e evolução e que se você se encontra no seu bairro, cidade, município, estado e país é porque lá existe algo especial para você desenvolver e colaborar com sua quota parte na lei do progresso.

Você está no lugar certo, no momento histórico certo, com as pessoas certas para impulsioná-lo a realizar a sua missão, que você escolheu antes mesmo de nascer.

Quando passarmos a utilizar em nosso dia a dia, com a mesma naturalidade com que respiramos, as boas sementes da paciência, da tolerância, da resignação, da compreensão, do perdão, da bondade, do amor, entre tantas outras, sem sombra de dúvida seremos melhores e mais felizes desde logo, além de significar que estaremos fazendo adequado e bom uso dos ensinamentos contidos no Evangelho, visto que a parábola do semeador exprime perfeitamente os matizes existentes na maneira de serem utilizados os ensinos do Evangelho[44].

O grande Livro do Ho'oponopono[45], sabedoria havaiana de cura, com a repetição de quatro expressões: "eu sinto muito", "me perdoe", "agradeço", "te amo", acessa a divindade em você e faz com que, na repetição diária, possa reconciliar as pessoas, com a quebra das memórias negativas existentes em sua alma.

Portanto, tudo que acontece conosco é de nossa responsabilidade, perdoar as memórias que estão dentro de nós e permitir que sejam limpas.

Nada vem a nós sem que não tivéssemos permitido. Os míseros aborrecimentos diários precisam ser quebrados e criar uma harmonia entre o consciente e o inconsciente, a alma e o divino que está dentro de você, sem criar expectativas, aceitar e deixar partir.

Procuremos, pois, em nosso favor e em favor da Humanidade, plantar o bem, praticar o bem, onde quer que nos encontremos, seja qual for a circunstância, seja qual for a situação e, com certeza, colheremos o bem, porquanto, como bem o sabemos, a semeadura é livre, mas a colheita obrigatória.

Perceber as memórias negativas e limpá-las todos os dias.

Reconexão por meio do amor que encontra dentro de você. *"Uma coisa sei: eu era cego e agora vejo"* (João, 9:25).

---

[44] KARDEC, Allan. *O Evangelho segundo o Espiritismo.* Tradução de Salvador Gentile, revisão de Elias Barbosa, Araras, SP, *329 ed. cap. XVII, item 6.*

[45] BODIN, Nathalie; BODIN, Dr. Luc; GRACIET, Jean. *O grande Livro do Ho'oponopono.* Sabedoria Havaiana de cura. Petrópolis: Editora Vozes, 2016.

QUINTO CAPÍTULO

SERÁ QUE SOMOS FIÉIS À NOSSA CONSCIÊNCIA?

Quem olha para fora, sonha. Quem olha para dentro... desperta!

Carl Jung

Em um certo dia você se depara em uma discussão com seus amigos ou familiares sobre assuntos diversos, e no calor das discussões você envereda por caminhos que não são na realidade seu ponto de vista. São, sim, o da maioria, mas você, por medo de represálias ou críticas de todos os tipos, aceita o ponto de vista dominante a fim de colocar-se no mesmo padrão emocional dos demais.

Ao chegar em casa, você percebe que o assunto em discussão teria saídas diversas, planejamentos contrários, meios mais puros e que, na realidade, no fundo de sua consciência, você sabia que aquele não era o caminho, mas contribuiu para sustentar o caminho mais curto.

Por isso, é necessário um planejamento, um exame profundo, sério e constante do Si mais profundo, da sua constituição, dos seus objetivos, de como encontrar os recursos, os meios cabíveis para deixar a sua consciência falar, exprimir-se. Essa análise tem por meta a sua autoconscientização, mediante a qual, aos poucos, vão se aplainando as arestas manchadas de suas atitudes.

Portanto, é de suma importância o autoexame emocional, físico-social das companhias, dos hábitos, dos excessos, dos vícios, dos meios e dos fins, de tudo aquilo que afigura em sua redoma existencial.

Ser fiel à consciência e mesmo diante de uma "modinha" social saber seguir a sua intuição, a voz que radia luz dentro de sua alma, é deixar de lado a preguiça que conduz você a ideias perniciosas e fazer florescer o bem-pensar, os ensinamentos do Mestre Jesus.

Sistematicamente manter-se em diligência – "vigiai e orai".

No Evangelho de Mateus (26:26-46), temos que Jesus, após a última ceia, e sabedor de que seu fim era próximo, dirigiu-se ao Getsêmani – jardim ou horto situado ao redor de Jerusalém e ao pé do monte das Oliveiras, levando consigo Pedro, Tiago e João. Era noite, e quando chegou ao local, assim lhes disse: *"Assentai-vos aqui, enquanto eu vou ali orar. [...] A minha alma está profundamente triste até à morte; ficai aqui e vigiai comigo.".*

O significado da palavra "vigiar", segundo o dicionário[46], especificamente nesse caso, equivale a estar de vigília ou sentinela. E estar de vigília é o "estado de quem à noite se conserva desperto, atento", velando ou tomando conta de algo ou de alguém.

Em outras situações, vigiar também pode representar: "observar atentamente; acautelar-se, precaver-se".

No entanto, a interpretação para o termo vigiar também diz respeito à necessidade de tomarmos as devidas precauções, sustentando, assim, o indispensável equilíbrio e lucidez, para perceber além das aparências e, com isso, escolher o que verdadeiramente será o melhor para nós, nas várias situações de nosso cotidiano.

Perceber "além das aparências" é algo íntimo que, com o passar do tempo, o ser humano vai desenvolvendo, mas para que esse dom possa ser aguçado, são necessárias a vibração dos pensamentos positivos, a vigilância das atitudes e a conexão com o universo.

Com isso, o "vigiai e orai" consiste em um alerta sempre oportuno a envolver a razão e a emoção de cada um de nós, nos agasalhando das possíveis sombras diárias que possam alterar nosso foco.

A razão, porque é por meio de sua observação atenta e constante que nos conscientizamos de nossas negativas predisposições

---

[46] *Minidicionário Escolar da língua portuguesa.* 1. ed. [S.l]: Ciranda Cultural, p. 339.

íntimas, daquilo que somos levados a cometer pelos nossos arquétipos individuais e ancestrais, bem como os arquétipos coletivos.

A emoção, porque é ela que nos ajuda a estabelecer, por meio da prece, uma sintonia leal e mais intensa com Deus, com o plano espiritual superior, com nosso anjo e mentor, de modo a nos fortalecermos, moralmente, perante as dúvidas e os conflitos diários.

Levante a primeira pedra quem não tem conflitos diários.

Sendo a fé espírita caracterizada pelo uso da razão, necessariamente ela converge esses dois indutores de nosso aprimoramento intelecto-moral: a mente e o coração.

Quanto à importância desse comportamento cuidadoso, o Espírito Miramez[47] ensina:

> Se o homem fosse espírito puro, não estaria reencarnado na Terra, sofrendo as duras consequências deste plano. A evolução é uma lei criada por Deus, e é contemplando os horizontes da Terra, que os espíritos se tornam conscientes das necessidades das lutas que devem empreender, para se libertarem do pesado fardo da ignorância em que se encontram. Desde os primeiros instantes em que ingressa pelas portas da reencarnação, o espírito carrega consigo a bagagem das experiências e das necessidades, e se vê ante as lutas indispensáveis que vai enfrentar com o dragão dos seus instintos inferiores. [...] Para o combate, a primeira arma necessária é a vigilância. Quem não aprendeu a vigiar, continua caindo nas armadilhas dos lobos. E como o Evangelho diz que só lobos caem em armadilha de lobos, os que não conseguem vigiar, continuam a ser lobos. [...] Vigiar constitui a primeira defesa da alma na batalha consigo mesma: policiar suas mais caras experiências contra as investidas do mal que deturpa, da ignorância que desestimula, da sombra que entristece. O exercício do pensamento poderá ser uma lavoura de conhecimentos inesgotáveis e,

---

[47] MIRAMEZ (espírito); MAIA, João Nunes (psicografado por). *Alguns ângulos dos ensinos do Mestre.* 5. ed. Belo Horizonte: Editora Espírita Cristã Fonte Viva. Cap. "Vigilância", p. 63-65.

> desse manejo individual, tiraremos lições valiosas, porque a razão constitui professor insubstituível, no templo do coração. [...] Com esse exercício, os sentimentos tomarão outros rumos, e a alma entrará na era dos pensamentos puros, frutos da vigilância com Jesus, ensinada pelo Evangelho. A vigilância é a força que constrói, nas almas, as boas tendências. Deves vigiar no pensar, no falar e no viver.

No livro *Autodescobrimento: uma busca interior*[48], de Divaldo Pereira Franco, no capítulo oito, "Sicários da Alma", o Espírito Joanna de Ângelis afirma que:

> Reconhecer-se fadado ao triunfo e avançar na sua busca, sem pieguismo ou presunção, torna-se a próxima etapa do programa de autodescobrimento. Insistentemente reagir aos pensamentos inquietadores, estabelecendo a confiança no Poder Criador, de Quem procede, e em si mesmo, gerando harmonia e coragem para os enfrentamentos, certo de que está destinado à glória estelar que alcançará o esforça pessoal.

A partir do momento em que você começa se conhecer fisicamente e psicologicamente, você vai conseguir combater vários males que se lhe aproximam antes da porta de entrada, pois o seu corpo e mente lhe enviarão sinais e você automaticamente vai enviar recursos ao seu espírito, fortalecendo-o, para não deixar desprotegida a sua alma.

Errando, não se lamente, lembre-se que é nos erros e nos fracassos que sua ponte está sendo construída. São nos desencontros da vida que se desenha a linha que levará voce à felicidade. É no deserto da vida que se encontra a melhor água da alma.

Do contrário, se acertar, não se orgulhe, pois saiba que o caminho é longo, e cada dia terá um leão para matar.

Ser fiel à consciência é deixar aflorar todos os ensinamentos do Mestre Jesus que estão latentes na nossa alma. Ele nos espera, com paciência, aguarda que coloquemos em prática todas as Leis naturais, na busca da nossa ascensão espiritual.

---

[48] FRANCO, 2018, p. 112.

SEXTO CAPÍTULO

LEI DO PROGRESSO

Senhor Deus, pai dos que choram,
Dos tristes, dos oprimidos,
Fortaleza dos vencidos,
Consolo de toda dor,
Embora a miséria amarga
Dos prantos de nosso erro,
Deste mundo de desterro
Clamamos por vosso amor!
Nas aflições do caminho,
Na noite mais tormentosa,
Vossa fonte generosa
É o bem que não secará.
Sois, em tudo, a luz eterna
Da alegria e da bonança,
Nossa porta da esperança
Que nunca se fechará.

Oração dos Aflitos

    A Lei do Progresso é inerente a todo espírito e está em constante vigor, não podendo um espírito retroceder. O progresso completo é o objetivo, mas cada um escala conforme seus passos.

    Tudo na criação está fadado a evoluir.

    Em *O Livro dos espíritos*[49], na questão 799, Allan Kardec questiona: "A força para progredir, haure-a o homem em si mesmo, ou o progresso é apenas fruto de um ensinamento?". Os espíritos esclarecidos respondem: "O homem se desenvolve por si mesmo, naturalmente, mas nem todos progridem simultaneamente e do

---

[49] KARDEC, Allan. *O livro dos Espíritos*. Tradução de Salvador Gentile, revisão de Elias Barbosa. Araras: [s.n.], 2009, p. 251-252.

mesmo modo. Dá-se então que os mais adiantados auxiliam o progresso dos outros, por meio do contato social".

Dessa forma, verificamos que o galgar espiritual é diferente para cada ser humano, pois nos encontramos em estágios diferentes de evolução.

De acordo com o Haroldo Dutra Dias em seu livro publicado no ano de 2020, chamado *Despertar*[50], *"é difícil compreender essa realidade, porque nós somos imediatistas."* E ainda continua: *"E aí, você sabe qual é o nosso slogan? Não há nenhum injustiçado".*

O Consolador prometido não nos garante a falta das dores, mas a providência divina acompanha nossos passos nos dando tranquilidade para nossos medos e dúvidas.

Compete a cada ser humano contribuir com sua experiência, esforçando-se para o esmero coletivo. Essa é a tarefa de levar luz onde há sombra.

Às vezes aquilo que enxergamos e que parece ser uma destruição, nada mais é do que uma singela evolução para o progresso, em busca de sair de um primitivismo e chegar aos mundos angelicais.

O estado de natureza seria como a infância do espírito, na qual ele é comandado pelos instintos. Neles são alimentadas as necessidades básicas para a sobrevivência, como um animal.

Conforme este espírito adquire o livre-arbítrio, deixa de ser guiado pelos instintos primitivos e passa a escolher entre as diversas opções que existem no mundo. É quando irá desenvolver as inteligências morais e intelectuais que estarão em constante evolução, segundo a Lei do Progresso.

O intelecto e a moral não costumam evoluir no mesmo compasso. Geralmente a inteligência intelectual se adianta primeiro, até mesmo para cumprir com as necessidades constantes de uma sociedade, como as ciências, as grandes descobertas, as vacinas, a curas das doenças, a evolução científica e tecnológica.

---

[50] DIAS, Haroldo Dutra. *Despertar*: nossos desafios na transição planetária. São Paulo: Intelítera Editora, 2020, p. 45.

Um grande exemplo dessa grande evolução intelectual foi o século das luzes, Século XIX, quando a influência do iluminismo, considerada a sua presença na modernidade, e suas marcas históricas, deram um novo rumo a política, ciência, economia – indústria e demais pontos da sociedade. Cabe lembrar que Voltaire, Montesquieu, Diderot, Rousseau, Locke e Beccaria desenvolveram os princípios ético-políticos da organização social democrática, os quais foram bases para a Revolução Francesa de 1789.

A razão, sob a ótica da luz, sendo o trabalho intelectual, por exemplo, de Descartes, Francis Bacon, Kepler, Newton, promove uma vasta evolução da consciência, do espaço e da ciência moderna, dos cálculos, das explicações das razões, dos fenômenos astronômicos, ou seja: o positivismo, o evolucionismo, o marxismo, deixaram marcas experimentais que deram um salto quântico na evolução da terra.

Tanto é que o Espiritismo, na França, na mesma época, com Allan Kardec, por ser uma ciência de observação, utilizou o programa da natureza humana, o evolucionismo biológico e a educação racional para o estudo dos métodos espiritas.

Importante salientar que as sociedades também não evoluem de forma linear. Cada espírito está em um grau de evolução diferente. Este fator torna relevante o contato social em instituições dentro da sociedade, pois nela os espíritos mais elevados auxiliam o progresso dos demais.

A grande missão de todos os espíritos encarnados é instruir os homens, auxiliando o progresso.

Nesse diapasão, o palestrante e médium espírita Haroldo Dutra Dias, salienta em seu mais novo livro *Despertar*[51] que: *"O primeiro resultado concreto da missão é a depuração espiritual do missionário. Por isso ele sofre tanto, porque o primeiro trabalho da missão dele é se depurar".*

"Assim, cada um tem nesse mundo a sua missão, porque todos podem ter alguma utilidade", questão 573[52] de o *Livro dos Espíritos.*

---

[51] DIAS, 2020, p. 286.
[52] KARDEC, 2009, p. 192.

Em oposição à Lei do progresso, vemos o orgulho e o egoísmo que dificultam e embaraçam a evolução individual e coletiva, por isso que muitas vezes encontramos entraves até certo ponto incompreensíveis dentro da nossa sociedade.

As leis humanas podem contribuir, ou não, para o progresso da humanidade. Porém, muitas são feitas para cumprirem apenas os interesses pessoais de pequenos grupos e não solucionam reais problemas.

Podemos observar esse fator na Questão 796 do *Livro dos Espíritos*[53]:

> No estado atual da sociedade, a severidade das leis penais não constituem uma necessidade? Uma sociedade depravada certamente precisa de leis severas. Infelizmente, essas leis mais se destinam a punir o mal depois de feito, do que a lhe secar a fonte. Só a educação poderá reformar a humanidade que então, não precisará mais de leis tão rigorosas.

Para que as sociedades possam evoluir mais depressa, apurando sua moral, de tempos em tempos elas são submetidas a grandes acontecimentos. Eles tendem a acelerar suas provas e expiações para mais rápido se elevarem.

Os flagelos destruidores são para os homens provas para exercitar sua inteligência, mostrar sua paciência e resignação ante as dificuldades surgidas.

Muitos flagelos são resultados da imprevidência do próprio homem, à medida que o homem toma conhecimento e experiência, pode preveni-los e amenizá-los, mas existem males gerais que afligem a humanidade toda e a repercussão é geral, cada qual recebendo à medida de sua negligência na terra.

Na questão 737 do *Livro dos Espíritos*[54], Allan Kardec, pergunta: *Com que objetivo Deus atinge a humanidade por meio dos flagelos destruidores?* E eles respondem:

---

[53] *Ibidem*, p. 250.
[54] *Ibidem*, p. 235.

> Para fazê-la avançar mais depressa. Não vos dissemos que a destruição é necessária para a regeneração moral dos Espíritos, que adquirem, a cada nova existência, um novo grau de perfeição? É preciso ver o fim para lhe apreciar os resultados. Não os julgais senão sob o vosso ponto de vista pessoal e os chamais de flagelos por causa do prejuízo que vos ocasionam. Mas esses transtornos são, frequentemente, necessários para fazer alcançar, mais prontamente, uma ordem melhor de coisas e, em alguns anos, o que exigiria séculos.

Além desses flagelos temidos e assombrosos, Deus emprega diariamente, oportunidades para o nosso aprimoramento, visto que deu a cada um a progredir pelo conhecimento do bem e do mal, mas o homem não aproveita, se exonera, deixa para depois, vive usufruindo dos benefícios materiais e esquece-se da evolução espiritual, do verdadeiro campo de aproveitamento pessoal.

Sendo assim, a liberdade e o progresso são os verdadeiros objetivos da Providência divina, ao tecer flagelos libertadores na Terra.

O Espiritismo vem contribuir com a Lei do Progresso, pois alinha as questões filosóficas e científicas com a moral divina. Com ele também é possível compreender suas falhas de modo a corrigi-las.

A doutrina espírita serve de apoio à desconstrução do materialismo e a importância do amor para eliminar chagas sociais como o orgulho e o egoísmo. Assim é possível construir uma sociedade justa, baseada na caridade e no amor ao próximo.

Um grande exemplo disso é a pena de morte. Ela desaparecerá incontestavelmente. No dia em que o ser humano estiver mais esclarecido moralmente, então a pena de morte será totalmente abolida da terra, pois os homens não serão mais julgados pelos homens.

Na questão 761 do *Livro dos Espíritos*[55], Allan Kardec pergunta: *"A lei de conservação dá ao homem o direito de preservar sua própria vida; não usa ele desse direito, quando suprime da sociedade um membro perigoso?"* A resposta: *"Há outros meios de se preservar do perigo senão o*

---
[55] *Ibidem*, p. 240.

de matar. Aliás, é preciso abrir ao criminoso a porta do arrependimento, e não fechá-la."

Nesse diapasão, a evolução de cada ser humano, nas suas conquistas pessoais, contribui valorosamente para a evolução coletiva.

No mundo espiritual a justiça funciona com mais segurança. Embora o mecanismo de regeneração esteja na consciência de cada indivíduo, ainda assim, existe na Terra um santuário de justiça de magistrados dignos e imparciais que examinam as responsabilidades humanas, sopesando-lhes sempre os méritos e os deméritos.

No livro *Evolução em dois mundos*[56], de Francisco Cândido Xavier e Waldo Vieira, ditado pelo Espírito André Luiz, no capítulo seis sobre – "Justiça e espiritualidade" –, o autor espiritual salienta:

> [...] é importante observar, contudo, que quanto mais baixo é o grau evolutivo dos culpados, mais sumário é o julgamento pelas autoridades cabíveis, e quanto mais complexo é o exame dos processos de criminalidade em que se emaranham, não só pela influência com que atuam nos destinos alheios, como também porque o Espírito, quando ajustado à consciência dos próprios erros, ansioso de reabilitar-se perante a vida e diante daqueles que mais ama, suplica por si mesmo a sentença punitiva que reconhece indispensável à própria restauração.

Não basta olhar o outro e criticá-lo, se eu não estou fazendo a minha parte na reconstrução pessoal e coletiva. Quando compreendemos que o coletivo anda conforme cada ser cresce, estaremos abertos a uma sincronia cósmica de ajuda fraterna entre todos.

Exemplo de luz dessa busca interior que reflete no todo é o caminho que Paulo de Tarso fez. Sabemos que Paulo de Tarso era judeu militante, no passado, e demonstrou sem culpas e vergonha a sua antiga fé. Foi quando encontrou Jesus que firmou mudanças e valores no progresso da compreensão de Deus.

---

[56] XAVIER, Francisco Cândido, VIEIRA, Waldo. *Evolução em dois mundos* (pelo espírito André Luiz). 27. ed. Brasília: FEB, 2017, p. 186.

Paulo de Tarso[57] encontra Jesus na genuína ética-moral cristã, mas sabia que muito tinha a percorrer, ele recorre a um código linguístico comercial para chamar atenção sobre a transformação de sua fé:

> Mas o que, para mim, era lucro, isto considerei perda por causa do Cristo. Sim, deveras considero tudo como perda, por causa da sublimidade do conhecimento de Cristo Jesus, meu Senhor; por amor do qual perdi todas as coisas e as considero como refugo, para ganhar a Cristo e ser achado nele (Filipenses, 3:7-9).

Em uma sociedade que não acompanha o progresso, a evolução está fadada a sofrer as dores materiais ditadas por Deus, como é o caso dos vírus, bactérias, pandemias etc.

A pandemia que assolou o mundo, que teve início no mês de dezembro de 2019 na China e se propagou pelos países do Ocidente, como Europa, Estados Unidos e chegou ao Brasil no mês de março de 2020, só comprova a Lei do Progresso.

E agora, com a pandemia COVID-19 ficou mais visível para nós que estamos materializados, mas as mudanças já vêm acontecendo há um bom tempo.

Todos os recursos da internet tornaram o mundo pequeno. Temos acesso a tudo e a todos, mas, agora, o foco é o vírus que se espalha de forma gigantesca, incrivelmente amenizado, senão zerado, nos menores de 12 anos.

Essa pandemia nos colocou diante da morte, tão temida por todos. Estamos lado a lado com essa possibilidade, e isso está mexendo com o interior de cada ser humano de forma indistinta.

Entramos em um momento desafiador, pois envolve muitas emoções, que fazem emergir vários pensamentos, de diversas direções. Precisamos estar seguros dos caminhos que vamos percorrer, pois os ventos são provocadores e assustam.

---

[57] KARDEC, Allan. *O evangelho segundo o espiritismo*. 131. ed. Brasília: FEB; 2015. Cap. 11, item 8 *apud* TARSO, Paulo de. *Paulo de Tarso e as Leis Morais*. 1. ed. Porto Alegre: Francisco Spinelli, 2017, p. 140.

E, ao falarmos de ventos, lembro-me nesse momento do trecho do livro *Paulo e Estevão*[58], de Francisco Cândido Xavier, ditado pelo Espírito Emmanuel. Paulo, junto com os demais prisioneiros, rumava com o navio Adramítio da Mísia para Roma, sob as ordens do centurião Júlio. Paulo teve um presságio e avisou-o que era para esperar passar o inverno em Kaloi Limenes para continuar a rota. Mas o comandante reagiu: *"Dar crédito a esses prisioneiros?, pois estou a ver que se trata de um plano de fuga, maquinado com sutileza e prudência..."*.

Logo após dois dias, um imenso furacão atacou-os, quando entraram em mar aberto, perto de Fênix, e aqui quero partilhar os conselhos amigos de Paulo a todos os tripulantes, naqueles momentos de ventos fortes, de dificuldades que assombravam os ocupantes do navio:

> A passagem da existência humana para a espiritual assemelha-se ao instante amarguroso que estamos vivendo nesse barco, há muitos dias. Não ignorais que fomos avisados de todos os perigos, no último porto que nos convidava a estagiar, livres de acidentes destruidores. Buscamos o mar alto, de própria conta. Também Cristo Jesus nos concede os celestes avisos no seu Evangelho de Luz, mas frequentemente optamos pelo abismo das experiências dolorosas e trágicas. A ilusão, como o vento sul, parece desmentir as advertências do Salvador, e nós continuamos pelo caminho da nossa imaginação viciada; entretanto, a tempestade chega de repente. É preciso passar de uma vida para outra, a fim de retificarmos o rumo iniludível. Começarmos por alijar o carregamento pesado dos nossos enganos cruéis, abandonamos os caprichos criminosos para aceitar plenamente a vontade augusta de Deus. Reconhecemos nossa insignificância e miséria, alcança-nos um tédio imenso dos erros que nos alimentavam o coração tal como sentimos o nada que representamos nesse arcabouço de madeiras frágeis flutuantes no abismo, tomados de singular enjoo, que nos provoca náuseas

---

[58] XAVIER, 2019d, p. 442-443.

extremas! O fim da existência humana é sempre uma tormenta como esta, nas regiões desconhecidas do mundo interior, porque nunca estamos apercebidos para ouvir as advertências divinas e procuramos a tempestade angustiosa e destruidora, pelo roteiro de nossa própria autoria.[59]

Assim conseguimos verificar que todo o perigo ensina a fraternidade imediata do ser humano, embora sendo todos diferentes e estarmos em etapas aleatórias da evolução, a dor coletiva e individual nos irmana para a paz, inundando de fraternidade todo os indivíduos da terra.

Todos os países do globo estão sofrendo esse impasse da pandemia, flagelo mundial, mas não podemos esquecer que estamos mergulhados na divindade. Tudo está dentro de Deus, nada está fora da providência divina.

Existem dois homens na Terra, conforme Paulo de Tarso sentiu, que tornam mais difícil encontrar o caminho do nosso Criador: os homens envenenados pela falaciosa ciência da terra, que se cristalizam em uma superioridade imaginária e muito presumem de si mesmos, que são esses os mais infelizes, e os outros, que representam os que carregam dolorosas crenças do passado e não interpretam a criação Divina.

Somos os filhos do Criador do Universo, os cocriadores, e, por isso, vamos passar por provas, expiações, aflições, para podermos nos desenvolver, e isso é uma dádiva celeste, uma grande oportunidade de crescimento.

Portanto, agora é o momento decisivo para a mudança. Amanhã... provavelmente, o amigo estará desaparecido, o problema será maior, a moléstia ficará mais grave, e assim por diante.

O medo e o pânico se espalham pelo mundo, pois precisamos pensar na possibilidade de uma morte iminente. Assim, o medo se alastra em todos os lares.

---

[59] *Ibidem*, p. 443-444.

Para que ter medo, se não for a hora você não partirá. Cada um receberá o que precisa para a sua evolução.

No livro *A Gênese*[60], de Allan Kardec, no capítulo Os tempos são chegados, item 33, uma mensagem espiritual ditada em 1868, assim diz:

> A regeneração da Humanidade, portanto, não exige absolutamente a renovação integral dos Espíritos: basta uma modificação em suas disposições morais. Essa modificação se opera em todos quantos lhe estão predispostos, desde que sejam subtraídos à influência perniciosa do mundo. Assim, nem sempre os que voltam são outros Espíritos; são com frequência os mesmos Espíritos, mas pensando e sentindo de outra maneira.

Portanto, esse flagelo que estamos vivendo, que não é o primeiro, muito menos o último, tem como foco uma desencarnação coletiva para modificar as disposições morais do indivíduo, intensificando a mudança interior dos espíritos na busca do aceleramento da evolução humana.

Esses que estão desencarnando durante a pandemia são recolhidos com muito amor, pois regressam de um flagelo impactante, foram arrancados de forma rápida, sem poder dizer seu último adeus aos filhos, parentes, amigos e estão tristes, assustados, sensíveis, passam por um processo acelerado de evolução intima que os coloca em um novo patamar de aprimoramento moral, que vão voltar a encarnar, transformados, pois foram tocados nas suas fibras mais íntimas, e virão cheios de vontade de progredir.

Com que objetivo vivenciamos os flagelos dolorosos que estamos vendo? Certamente, para acelerar o progresso moral.

Nesse momento precisamos aceitar as recomendações do Cristo que veio trazer o Evangelho do amor e do perdão. Antes não

---

[60] KARDEC, Allan. *A Gênese* – Os milagres e as predições segundo o espiritismo. 52. ed. Tradução de Salvador Gentile, revisão de Elias Barbosa. Araras, SP: IDE, 2008, p. 277.

aceitamos pelo amor, agora precisamos aceitá-lo pela dor. É um excelente momento de resiliência coletiva.

Devemos fazer nossa caminhada, fortalecendo-nos nesses momentos de grandes saltos, para o progresso se estabelecer. Essa pandemia é um exemplo de flagelo para que possamos fazer escolhas lúcidas, pertinentes, que se encontram em nossa consciência.

Nesse mundo novo que está por vir não cabem mais a indiferença e a antipatia. Um mundo fraterno e voltado à compaixão será a ferramenta necessária para refazer a nossa grandiosa morada.

Muitos já estão mudando seus princípios, outros vão negá-los. Atos de extrema bondade e de extrema rebeldia irão serão visualizados simultaneamente, em diversos pontos do mundo.

O mal irá irradiar muitas tensões. Em contrapartida, o bem deverá unir forças para somatizar energias radiadoras de luz para atingir aos que precisam entender que todo patrimônio terrestre não passa de uma simples introdução à loucura carnal que será desencantada na primeira oportunidade.

Nos voltarmos para a casa interior, reconstruindo as paredes danificadas e sair da ignorância do mausoléu adornado, saindo da condição de viajor descuidado, no rumo das pavorosas desilusões, é uma verdadeira conquista de crescimento vertical.

A tendência da humanidade, após as guerras, pandemias, sofrimentos coletivos, revoluções, é a evolução. O conhecimento interno do ser humano aprimora-se e um grande passo é dado de forma coletiva.

Muitas vezes, por não fazermos esse salto de forma independente, precisamos de um chamado, um toque, um empurrão, para desenvolvermos os valores morais guardados no nosso inconsciente.

Os vírus e as bactérias são exemplos de flagelos naturais que nos impulsionam a inteligência para lidar com as situações inesperadas, refletindo no aprimoramento do direcionamento moral para angariarmos o aconchego, a paciência e o amor ao próximo.

A humanidade avança no ponto de vista da inteligência, ciência e moral, pois somos cutucados nas entranhas para aflorar o processo evolutivo.

Ceda um pouco o seu orgulho, doe-se com paciência, e deixe ressaltar a sua essência, largando-se do ter e da aparência.

A peste negra foi devastadora, dizimou a Itália, após isso veio uma revolução no feudalismo, na forma de lidar com o próximo.

A gripe espanhola também trouxe um índice catastrófico de mortos. O que ocorreu após foi um intenso movimento do progresso, criou-se um estado social, a saúde pública avançou e a economias chegou a saltos incríveis.

Renascer das cinzas, esse é o propósito oculto, sendo a perseverança a base da vitória. A divina colheita só será alcançada se caminharmos para diante, entre o suor e a confiança, sem nunca desfalecer.

É esse movimento que ocorre no ser humano após duras revoluções e ocorrências dramáticas. Precisamos fazer um grande salto quântico, sem colocar as emoções e paixões em primeiro lugar.

Olhar para esse transtorno coletivo faz com que olhemos para o ser não só como corpo, e sim como espírito, e é este que deve ser aperfeiçoado e transmutado.

O medo nos projeta para o pânico, e o desespero das pessoas, nesse momento, com as dores das perdas (materiais e pessoais – entes queridos) nos coloca num sistema de risco, contaminando as pessoas.

Todos tememos o desconhecido. As pessoas estão doentes psicologicamente, alvoroçadas, em pânico, provavelmente retendo, há muito tempo, a esperança torturada.

Desejarias você que a resposta do mundo fosse imediata, tranquila, pacífica? Tenha paciência, confie no projeto Divino e faça a sua parte. Não renuncie ao trabalho renovador. Recorde sempre que a vontade de Deus se expressa, em cada instante, em cada amanhecer, em cada tempestade, em cada hora, nas circunstâncias que nos cercam! Paguemos nossas contas, para depois exigir que a luz nos favoreça.

Até agora, olhamos apenas o corpo, o externo e esquecemos de ver o ponto principal, o espírito que o habita.

É o grande momento da mudança, do autodescobrimento, da fé em Deus e de confiar que somos espírito imortais, e precisamos estar ancorados nessa percepção para dar valor ao corpo físico, de acordo com o que ele merece.

Você tem três possibilidades nesse momento: sobreviver, mesmo que pegue o vírus; desencarnar (morrer,) pois está na sua programação espiritual; e o outro ponto que você pode ou não desencarnar dependendo da sua escolha e atitude perante o Universo. Ou seja, as coisas não são predeterminadas, você tem seu livre-arbítrio, mas tem seu planejamento reencarnatório.

Como diz o nobre Alberto Almeida[61], em uma das tantas palestras proferidas nesse impactante momento mundial, com o tema *"Você e o espiritismo", pela transmissão FEB/TV: "desencarnar não é uma tragédia, tragédia é viver mal."*

Tudo depende das nossas escolhas de cada dia, as nossas colheitas serão correspondentes às sementes lançadas, sendo resultado da Lei de Ação e Reação.

As coisas não são rígidas, determinadas, têm um planejamento, podemos suprir ou aumentar a existência, conforme nossa evolução.

Estamos vivendo um processo de aprendizado, os indivíduos precisam se conectar-se, mais do que nunca, com esse projeto Divino. A dimensão espiritual precisa ser o foco e compreender que a morte não é o término da vida, e que sempre haverá novas caminhos para trilhar e evoluir.

Deixar a pandemia vir e não fazer nada, não se cuidar, escusar-se de higienizar as mãos, não usar máscaras, frequentar determinados lugares mostram-se atitudes funestas, porque esse vírus,

---

[61] ALMEIDA, Alberto. *Pandemia, Você e o Espiritismo*. Palestra pela FEBTV – Federação Espírita Brasileira. Disponível em: https://www.youtube.com/watch?v=T1y1xoL-LV8. Acesso em: 25 ago. 2020.

apontado como originário de morcegos advindos da China, está se demonstrando muito severo ao atingir a humanidade, pois ainda não temos a imunidade para vencê-lo.

O isolamento, por outro lado, visa a diminuição da infectabilidade por meio da mitigação, fazendo o processo de alongamento da infecção, evitando que muita gente em tempo curto seja infectada, desafogando os hospitais e postos de saúde.

O ideal seria a supressão, ou seja, o lockdown, mas isso seria difícil pois os serviços essenciais precisam de continuidade.

Diante desse quadro, precisamos fomentar a fraternidade, a solidariedade, pois nesses momentos acabamos conhecendo as pessoas que estão a nossa volta. A situação exige clareza e não negligência, conhecimento para dentro do ser, é um grande processo de conhecimento.

Tudo que há de vir será bom, porque estamos conectados com o criador, estamos buscando o Reino do céu e sua justiça, sempre com atitudes responsáveis, com fé raciocinada e olhar lúcido.

Existe uma transmutação ocorrendo nos seres humanos. Nos órgãos humanos, nos vegetais, nos animais e muitos de nós já estão sentindo essa transição. O velho mundo dará lugar a uma nova vida.

Os que estão percebendo isso estão com sua transmutação mais avançada, o conhecimento de si já foi iniciado, já estão sendo utilizados como uma ponte aos seres que estão despreparados.

Fomos preparados para isso, mas está no nosso inconsciente. Muitos seres já estão prontos, e vão encarnar em mundos melhores. Algumas crianças já estão nascendo com os códigos genéticos modificados. Elas vieram, e algumas já estão entre nós, procurando adaptar-se às condições que a superfície da Terra, por enquanto, está passando.

Quem não conhece uma criança de quem se diz: *"Ela é diferente, ela é especial, ela pensa de uma forma que você nunca viu"*?

O saudoso José Trigueirinho Netto, filósofo espirita, sendo um dos fundamentos da sua jornada estimular a ampliação da consciência humana e liberá-la dos vínculos que a mantêm presa a aspectos materiais da existência, externos ou internos, esclareceu que: *"temos acesso ao espaço físico/superfície da terra, ao mental, e que logo, logo, vamos ter acesso ao oculto, porque o plano físico vai deixar de ser denso."*.

Na sua visão transcendental, as vidas, os mundos e as civilizações intraterrenas poderão ser acessíveis aos que aceitarem a evolução.

Temos vários níveis de consciência, vai depender da nossa evolução pessoal acessá-las, do quanto querermos mergulhar em nosso inconsciente e aproveitar todas as mensagens Divinas que lá habitam.

Você já parou para pensar se o seu livre-arbítrio fosse tirado? Será que a maioria dos problemas que sentimos (falta de saúde, poluição, superpopulação, misérias, subdesenvolvimentos, loucura, falta de sanidade mental) não foi advinda do livre-arbítrio?

O homem foi entregue a si mesmo. E as leis morais? E as leis naturais? E as leis divinas? Será que nessa liberdade não esquecemos do nosso compromisso?

Ainda não transcendemos, permanecemos na lei dos homens, na lei da concorrência, na lei do esforço, na lei da concorrência desleal. Por que recusamos os chamados para o melhor caminho espiritual?

Começamos a viver essa mudança gradativamente, precisamos urgentemente aprender a lidar com essa evolução.

SÉTIMO CAPÍTULO

NOSSO PASTOR

*O Senhor é meu pastor;
Nada me faltará.
Deitar-me faz em verdes campos,
Guia-me mansamente
A aguas mui tranquilas.
Refrigera a minha alma;
Guia-me nas veredas da justiça
Por amor de seu nome.
Ainda que eu andasse
Pelo vale das sombras da morte,
Não temeria mal algum.
Porque Tu estás comigo;
A Tua vara e Teu Cajado me consolam.
Preparas-me o banquete do amor
Na presença de meus inimigos,
Unges de perfumes a minha cabeça,
O meu cálice transborda de júbilo!
Certamente,
A bondade e a misericórdia
Seguirão todos os dias de minha vida;
E habitarei na Casa do Senhor
Por longos dias.*

Salmo 23

Todo o espírito sedento de consolação encontra em Cristo todos os lenitivos para curar as chagas daquele que se encontra no descaminho.

Toda dor levada ao alto é transformada em confortadora expressão de alegria íntima, pois nos mistérios da alma encontra-se o caminho irrefutável de uma vida nova.

O ser humano busca erroneamente os caminhos para atingir a tão almejada felicidade. Uma troca de carro, a aquisição de uma casa, de um apartamento, a conquista de uma viagem, suntuosas festas, são todos gozos terrenos materiais, que de forma singular consolam temporariamente as dores da alma, como numa verdadeira arte do mentir-se a si mesmo. De certa forma, nos camuflamos para as verdades da vida, nos autossabotamos e de forma premeditada.

Passada a euforia inicial, o ser desola-se novamente no mesmo vazio de outrora, enlameado na sua própria dor, sem ter para onde fugir, pois procurou a euforia passageira para satisfazer seus vícios terrenos.

A paz decorre da quitação de nossa consciência para com a vida, e o trabalho reside na base de semelhante equilíbrio. Se esperamos colheita farta, é indispensável cuidar da semente, plantar com esforço e defender a lavoura com esmero.

A felicidade é algo superior e de tamanha completude que o ser humano ainda não está preparado para aceitar a vontade de Deus, por meio das escaladas terrenas.

O ser humano é propenso a escolher o lado fácil das coisas, e negar, ou não aceitar, o desafio da parte complexa da atividade. Uma depende da outra, e não alcançaremos o cume sem passar pelo lado laborioso da vida.

Não faltam, no quadro das lutas cotidianas, os que fogem espetacularmente dos deveres que lhes cabem, procurando, na desistência do bom combate, imprimir no próximo a luta que lhe pertence.

A respeito da reflexão, lembro-me de uma passagem do livro *Fonte Viva*[62], de Francisco Cândido Xavier, no capítulo 141 – Renova-te sempre, que diz: *"Lembra-te que as civilizações se sucedem no mundo, há milhares de anos, e que os homens, por mais felizes e por mais poderosos, foram constrangidos à perda do veículo de carne para acerto de contas morais com a eternidade".*

---

[62] XAVIER, 2020c, p. 299.

Passagem linda e edificante, é quando Saulo de Tarso (Paulo) volta para buscar sua amada Abigail, após seis meses de separação, pelo infortúnio causado a seu irmão Estevão (Jeziel). Naquelas palavras mimosas, Abigail faz seu testemunho da prova viva da mensagem do evangelho, recebida por um mendigo chamado Ananias, que assim disse[63]:

> Mas o Céu – prosseguiu resignada – retirou-me as possibilidades de semelhante ventura na terra. Nos primeiros dias de solidão, visitava os lugares ermos, como a procurar-te, requisitando o socorro do teu afeto. Os pessegueiros de nossa predileção pareciam dizer que nunca mais voltarias; a noite amiga aconselhava-me a esquecer; o luar, que me ensinaste a bem-querer, agravava as minhas recordações e amortecia as minhas esperanças. Da peregrinação de cada noite, voltava com lágrimas nos olhos, filhas do desespero do coração. Embalde procurava tua palavra confortadora. Sentia-me profundamente só. Para lembrar e seguir tuas advertências recordava que me chamaste a atenção, à última vez que nos encontramos para amizade de Zacarias e de Ruth. É verdade que não tenho outros amigos mais fiéis e generosos que eles; entretanto, não lhes poderia ser mais pesada na vida, além do que sou. Evitei, então, confiar-lhes minhas angústias. Nos primeiros meses da tua ausência, amarguei sem consolo a minha grande desdita. Foi quando surgiu aqui um velhinho respeitável, chamado de Ananias, que me deu a conhecer as luzes sagradas da nova revelação. Conheci a história do Cristo, o filho do Deus vivo; devorei o seu evangelho de redenção, edifiquei-me nos seus exemplos. Desde essa hora, compreendi-te melhor, conhecendo a minha própria situação.

Mais adiante, há outra passagem[64] belíssima do livro, em que o convertido de Damasco se encontra com Ananias, na pensão singela da "Rua Direita", recebe as bênçãos divinas ao voltar a enxergar, disse:

---

[63] XAVIER, 2019d, p. 190.
[64] *Ibidem*, p. 193.

"Ressuscitastes-me para Jesus – exclamou jubiloso; serei dele eternamente. Sua misericórdia suprirá minhas fraquezas, compadecer-se-á de minhas feridas, enviará auxílios à miséria de minha alma pecadora, para que a lama do meu espírito se converta em ouro do seu amor".

Na frase interrogativa "Saulo, Saulo, por que me persegues?", Jesus interroga o convertido de Damasco. Por que as lutas e objeções à palavra do evangelho? Essa pergunta ecoa até os dias atuais, quando nós, de forma teimosa, continuamos a lutar contra as verdades de Cristo, plantadas no nosso inconsciente, por meio do arquétipo divino.

Levante-se, fique de pé.

A boa nova trazida por Jesus é um verdadeiro lenitivo aos nossos dias mais nebulosos. É como um abraço de mãe diante do perigo. É como uma chuva calma na terra seca que clama umidade para a semeadura. É como uma noite estrelada para uma mente agitada.

Tudo que é de Deus reclama grande paz e compreensão no coração daquele que crê sem ver.

Quando a criatura entra no período mais perigoso de sua existência, depois da matinal infância e antes da velhice, é que os olhos de ver e os ouvidos de ouvir se tornam mais sensíveis e ela passa a compreender aquilo que trouxe e existia dentro do coração.

As respostas para as perguntas mais difíceis estão todas guardadas dentro de nós mesmos, e muitas vezes Jesus nos conduz por meio da boca do outro, para que todos sejam instrumentos de seu trabalho.

O trabalho do Cristo é de mãos dadas.

Muitas vezes é preciso morrer para o mundo para que a palavra viva Dele desperte em nós. A moléstia pode ser uma intimação salutar da justiça celeste dando-nos novas oportunidades para reparar os erros.

A lição de Jesus é muito grandiosa para esperarmos misticismo, grandes acontecimentos, altas expressões em dinheiro, dominações políticas, ou talvez que ele nos desenhe o caminho etc. A obra de

Jesus é imensa e não somos capazes, ainda, de enxergar claramente, se ele mesmo passou por tantas vicissitudes, sofrimentos e incompreensões o que somos nós, pobres mortais, para aguardar a vida fácil, o repouso em nossa miserável condição de ainda pecadores?

Muitas vezes, o caminho nos é mostrado por alguém com quem menos nos afinamos. Essa é a verdadeira pescaria. Essa é a troca entre os seres. Com uns que estão mais adiantados aprendemos coisas que ainda não enxergamos, essa é a providência educacional para os homens.

A luta e o plano de Deus são grandiosos bálsamos, e não nos cabe, nem um só minuto, interrogar. Muitas vezes sentimos a ponta do iceberg e já queremos abraçar o todo, sem nos doarmos e fazermos a nossa parte.

Todos os que estão ao nosso lado contribuem para nossa evolução, e muitas vezes os chamamos de inimigos, de incompreensíveis.

Não seja o amigo que atrapalha, que estima maledicência, que exercita a crueldade, que dita preconceitos. Seja o amigo que edifica, constrói e busca, na cooperação, a santificante caminhada.

Começamos percebendo que em um gesto, em um toque, em um diálogo Deus nos conduz no melhor caminho, o que ocorre é que somos como mulas a serem amansadas.

Nossos ancestrais, avós, bisavós, atravessaram tempos sombrios, lutas corporais, escravidão, miséria, sofrimentos advindos de todos os tipos de preconceitos, numa verdadeira luta contra o mal, para que, no porvir, pudessem regozijar-se com as melhores canções de amor.

Sem as angústias do deserto, Moises jamais encontraria na rocha estéril a fonte de agua viva.

Adaptar-se ao evangelho e às palavras de Jesus é descobrir outros caminhos, outras nações, onde se faz presente o amor. Muitas vezes procuramos o ouro pelo caminho errado e não encontramos a almejada felicidade.

A verdadeira felicidade consiste em dar e não receber. Ela vem quando somos úteis aos outros, quando vivenciamos o amor ao próximo, quando somos gentis.

Seja você quem ama, quem doa, quem age.

Muitas vezes somos um mendigo feliz, porque achamos que dentro dos objetos materiais conseguiremos buscar a felicidade.

É certo que a felicidade não se compraz com o material, porque, se assim o fosse, ela estaria longe de vários indivíduos, e isso não seria uma providência justa.

Todos os fatores externos não trazem a felicidade. O esposo, o companheiro, o filho, o carro, a casa, o apartamento, nada substitui a busca pelo seu interior, joia rara que permanece rediviva em nosso coração.

Quando não nos amamos o problema é nosso. As chagas encontradas em nosso corpo físico são advindas da falta de amor-próprio. O autoamor é um grande estágio da evolução humana, porque dentro dele estão a cura e a alavanca para todas as esferas do conhecimento supremo.

Ter gratidão a tudo que nos envolve, dizer obrigado pelas oportunidades e por tudo que recebemos é o caminho.

"É na extinção de nossos caprichos de cada dia que encontramos a escada luminosa para ascender ao infinito amor de Jesus", disse Tiago em uma conversa com Paulo de Tarso, antes de percorrer o caminho de Jerusalém.

A vida muitas vezes, exige mais compreensão do que conhecimento. Nossa mente pode nos dar asas, mas também ser parede para a ascese pessoal.

A existência humana é uma grande ascensão das trevas para a luz, e o que nos compete é a resignação e a paciência necessárias para poder sorver o conhecimento, mesmo que em doses homeopáticas.

OITAVO CAPÍTULO

RECONHECER

> *As pessoas viajam para admirar a altura das montanhas, as imensas ondas dos mares, o longo percurso dos rios, o vasto domínio do oceano, o movimento circular das estrelas, e no entanto, elas passam por si mesmas sem se admirarem.*
>
> Santo Agostinho

Quantas vezes permanecemos na ilusão das nossas ações, renegando o melhor caminho. Assim, como o marinheiro vigilante, não ignoramos as tempestades de nossa vida, como bússola para novos dias.

As ilusões terrenas, a cegueira, a teimosia, e tantas outras chagas nos afastam dos celestes avisos diários que temos, mas quando a tempestade chega, sabemos, no fundo, o aviso premeditado da nossa consciência.

Ao reconhecer nossa insignificância e miséria diante das lutas do mundo, que muitas vezes virão ao final de nossa vida, daremos relevada importância aos conselhos da nossa inconsciência, que lá estavam e que não dávamos o valor necessário.

Assim como crianças teimosas preferimos a dor do erro do que a humildade do reconhecimento.

O homem velho precisa morrer para o homem novo renascer, e isso advém de muito gemido, assim como o Paulo de Tarso, que por meio das dores, das súplicas, das lutas, aprimorou-se e se elevou como um verdadeiro ser que construiu o reino de Deus dentro de seu coração.

Saber que todos os seres, por mais adiantados que sejam, estão no mesmo barco da evolução é um dos melhores passos que o ser humano pode trilhar, o melhor caminho para se despojar do ego.

Nossas lutas diárias são banhadas de orgulho e de ego que escurecem e nos dominam interiormente.

A névoa do ego é um grande adversário do nosso progresso moral. Ele nos faz eleger aquilo que é nosso, que supre nossos anseios, esquecendo que a lei de cooperação e da sociedade são leis naturais que vêm conectar-nos uns aos outros para a verdadeira ascensão.

Ano após ano, deixamos o homem velho nos tomar conta, daí reclamamos as consequências da vida, choramos, negamos nós mesmos. Isso acontece diariamente com todos nós.

E o que fazemos de imediato é culpar o outro dos nossos próprios erros e desleixo, da nossa própria negligência da vida.

Às vezes pegamos rotas que não nos levam para os melhores caminhos. Precisamos equilibrar a nossa bússola interior, para recalcular o nosso caminho, se permitir sermos conduzidos, avisados, orientados, receber advertências, correções, assim retomaremos o nosso trajeto para nos conduzir ao nosso propósito de existência.

Quando você menos percebe, você volta a ser o inquisidor de outrora. Ora, você volta ser o bispo que acalma os necessitados. Repetimos e voltamos várias vezes, mas ao final tudo é válido, mas é hora de avançar, pois já sabemos qual é o caminho correto.

Para o ignorante, dizia Paulo de Tarso, ele sempre caminha ora na maledicência, ora no elogio.

Todos nós erramos muito. Temos a benção do esquecimento. O importante é tomar a consciência do erro e dissolvê-lo, corrigi-lo, para renovar, para não recair nas mesmas consequências.

Não se avança sem destruir as pontes, as crenças primitivas, os falsos preceitos que nos levam a cometer injustiças.

A consciência do ego surge quando a criança interior se tira da terceira pessoa e assume o papel do eu, criando a sua identificação e personalidade.

Saiba que a ignorância e a inexperiência dos corações que iniciam na luta fazem uma grande algazarra em torno do ser que procura a si mesmo. Mas continue seu trabalho e não desanime ao padecimento e à aflição que isso lhe possa ocasionar.

Fazer o trabalho interior e entender por que atraímos as circunstâncias vivenciadas é peça chave para compreender a arte de retirar as desilusões do nosso caminho. O nosso interior dá o tom magnético do que atraímos.

A situação mais difícil é aprender um bom hábito. Aqui, a maioria das pessoas desiste, porque você começa a renunciar às dificuldades, procurando os caminhos mais prazerosos e de fácil acesso.

A jornada mais difícil do ser humano é mover-se interiormente, porque lá se encontram todas as nossas sombras, que muitas vezes a gente não quer limpar, não quer mexer, não quer ressignificar.

Todos nós somos doentes, e quando encontramos remédios universais, precisamos compartilhar com o próximo.

Construir uma pessoa nova com o que sobrou do velho homem é algo transformador e desafiador, em que muitas vezes vamos precisar nos renunciar, deixar nossas ânsias para trilhar os campos verdes da renovação.

Transformar a sua maldade em energia para o bem é como tirar as folhas velhas da árvore para que novas nasçam.

Toda a energia recebida precisa ser canalizada para o bem, a fim de dar continuidade à boa nova trazida por Jesus quando de sua vinda à Terra.

Isso se chama direcionamento das energias, e esse é nosso inverno, mas não podemos mais deixar para depois.

Conquistar a paz profunda é enfrentar os açoites da vida, sentindo o porvir dos pensamentos sublimes, como se fosse um verdadeiro êxtase se dilatando ao infinito.

Criar um santuário interior de paz é manter uma vigília interna constante, como um diamante a ser lapidado. Assim, deixa-se o que não se precisa para frutificar o amor.

Resgatar a conexão com Deus, que é nossa fonte primária, faz com que nossos dias se tornem mais frutíferos.

Cuidar da nossa alma com toda a misericórdia, buscando ajuda, apoiando e respeitando o próximo, sempre.

Aprendamos a silenciar os desejos para escutar os desígnios de Deus.

SILENCIE.

Os verdugos e as vítimas se reuniram sempre.

Ama. Trabalha. Perdoa. *"Confia"*, dizia Abigail para Saulo, em um dos momentos de dores íntimas.

NONO CAPÍTULO

VIDA NOVA

> *Quando você olha no espelho, o que vê? Vê o seu "eu verdadeiro", ou o que você tem sido condicionado a acreditar que é? Os dois são muito diferentes. Um é uma consciência infinita capaz de ser e de criar o que quiser, e outro é uma ilusão aprisionada por suas próprias limitações percebidas e programadas.*
>
> David Icke

O convite já foi lançado. Está na hora de trocar o homem velho pelo homem novo que pulsa no seu interior.

Não o negue mais. Ele está ali, escondido, chamando-o, nos meandros da vida.

O apóstolo Pedro nos lembra que é da vontade de Deus que se faça o bem, impondo silêncio à ignorância e à loucura dos homens.

Com absoluta certeza, você já foi chamado, mas, diante das ilusões do mundo, esquivou-se da voz doce e preferiu a voz da tentação que arrebata diuturnamente na construção da matéria, dos desejos, dos vícios.

O Evangelho nos diz que Paulo de Tarso fazia maravilhas, mas que Deus operava extraordinariamente por suas mãos. Então, acredite que o nosso Pai fará isso por nós, mas temos que ter as mãos limpas, para que elas possam ser edificantes.

Não se engane. Não queira lamentar-se e dizer que precisa visualizar Jesus, como Saulo de Tarso, a caminho de Damasco, para poder converter-se e fazer reinar o Jesus vivo dentro do seu coração.

Ele convida você todos os dias, às vezes várias vezes ao dia.

Nossa alma guarda-o com todas as chaves que podem abri-la, assim como um portal que vai retirar o homem velho e fazer renascer o homem novo, totalmente reequilibrado e propenso a desempenhar as melhores tarefas, sendo testemunho e terra fértil para ser um semeador da boa nova.

O mundo ainda sofre muito e precisamos muito do Consolador prometido.

Conscientizar a sombra existente dentro de nós (Ego-orgulho), diluindo-a, mediante a assimilação tranquila e acolhedora, não a negando, muito menos ocultando-a, constitui passo avançado para a perfeita identificação no nosso eu interior.

Nunca, no mundo, a tecnologia de produção agrícola atingiu tanta técnica e eficiência, mas nunca tivemos tantas pessoas que vivem abaixo da linha da miséria.

Nunca o mundo esteve tão populoso, grandioso.

Nunca o consumo de remédios para ansiedade, depressão, tristeza, insônia foi tão alto, a ponto de vermos diariamente pessoas só dormirem abaixo de remédios e tranquilizantes.

Jung, há muito tempo, percebeu com clareza a sombra (ego) que destrói o nosso lado bom (Self). O lado feroz, vulgar, licencioso e negativo da alma está manchado com a sombra do individualismo do ego pernicioso.

Apesar de estarmos na era da tecnologia, em que nos conectamos com todos ao mesmo tempo, estamos mergulhados na solidão, aumentando assim, consideravelmente as taxas de suicídio, por diversos contextos.

O que será que estamos esperando?

Existe um tom de urgência na transformação da consciência humana, é uma necessidade fundamental.

Por que estamos esperando tanto para nos buscarmos internamente?

Muitos estão aprisionados na sua sombra, largam-se nas tentativas bruxistas, mediúnicas, pagam rezas, buscam o lado negro, feitiçarias, para somatizar esforços numa tentativa vã de levantar-se por meio da luta do outro.

Vamos resgatar a força interior. Temos, dentro de nós, todos os remédios para curar as nossas chagas.

Eckhart Tolle, alemão, pesquisador e supervisor de pesquisas na Universidade de Londres, realizou uma grande mudança espiritual através de um retorno às mais antigas maneiras de entendimento espiritual: as sutras da antiga Índia, e foi testemunho desses textos sagrados em seu livro *O poder do silêncio*[65], em que salientou que "descobrir a dimensão da consciência liberta você do sofrimento que causa a si mesmo e aos outros quando conhece apenas esse pequeno 'eu' condicionado e deixa que ele conduza sua vida".

Para se conquistar dentro de uma floresta densa que é o inconsciente, é preciso abrir com calma as clareiras, para que a luz vá surgindo internamente, tornando-se indispensável o amor a si mesmo, em primeiro lugar.

A maioria das pessoas estão aprisionada pelos pensamentos destruidores, pelas ideias já impostas, pelo "eu" condicionado ao os outros dizem, pelas crenças impostas de outras gerações. Fazer mais do mesmo, sempre com a falsa perspectiva de não errar.

A sua presença e essência, deve sempre falar mais alto. A consciência livre lhe trará novas ideais e caminhos mais seguros. A sabedoria não irá nunca ser produto do pensamento, ela é originada no conhecimento diário, na busca pela sua edificação na Lei Divina.

Precisamos fazer essa reforma, quebrar os paradigmas existentes em nossa alma, resgatar os princípios que estão existentes em nossa consciência.

Não existe receita pronta, existem princípios a serem seguidos.

O primeiro princípio que você precisa lembrar todo dia é que você é imortal.

---

[65] TOLLE, Eckhart, *O poder do silêncio*. Tradução de Ana Quintana e Regina da Veiga Pereira. Rio de Janeiro: Sextante, 2016, p. 21.

Em todas as escolhas que fizemos, pensamos na morte, como se ela fosse findar nossos sonhos. Nós não fazemos planos de imortais, não nos imaginamos em relações que duram para sempre, incluindo as inimizades.

Quando pensamos na imortalidade da alma, muda nossa perspectiva de ver o mundo. Assim, mudamos a nossa intimidade, porque queremos fazer o melhor para alcançar, em outros momentos, a nossa melhor forma.

Segundo princípio: somos moldáveis, somos propensos para enveredarmos em várias mudanças, assim como dizia Raul Seixas, *"eu prefiro ser essa metamorfose ambulante, do que ter aquela velha opinião formada sobre tudo..."*.

Perder hábitos ruins como: uso indevido de WhatsApp, Instagram e demais redes sociais, proferir julgamentos desnecessários, viver na indiferença pelas dores alheias, tudo isso é moldável, podemos mudar aos poucos, caminhando por uma direção saudável.

Na obra de Francisco Cândido Xavier, ditado por Emmanuel, capítulo 30 do livro *Fonte Viva*[66]: "educa na semente minúscula, reside o germe do tronco benfeitor".

Para onde você olha: para o tronco ou para o germe?

Quando você olha em alguém você percebe o que já se manifestou ou o que aguarda florescer?

O tempo leva você para uma seta evolutiva. Essa seta nunca para e vai em busca do Cristo.

Há uma semente minúscula na tua consciência e existe algo que obriga você na direção do tronco, sem cessar.

Temos o gene do nosso criador, e o nosso espírito traz o gene da divindade. E isso é recíproco. Deus está em nós e nós estamos em Deus. Somos o mesmo fluído cósmico.

Os seus atos, são divinos, a sua fala é divina, o seu sentimento é divino, a sua capacidade de amar, de conciliar, de cuidar, de criar, de amamentar, de sorrir, de abraçar, de olhar e ser notado, de rege-

---

[66] XAVIER, Francisco Cândido. Fonte Viva. Pelo espírito Emmanuel. 1. ed. Brasília: FEB, 2020, p. 75-76.

nerar, de envolver, de cicatrizar, de suportar e ter resiliência vem do nosso Criador.

Qual é o nosso fim? Todo o princípio inteligente vai evoluir para Espírito Puro.

Portanto, resgatar o amor a si mesmo, fazendo essa cura interior, centralizando-se no autorrespeito e na autoconsideração que cada um tem, agindo de forma ativa e não passiva, vai levar, com toda certeza, ao afastamento das incertezas e à libertação da tensão que se encontra dentro da consciência.

O seu livre-arbítrio diz respeito a suas escolhas, as escolhas do universo são de propriedade de Deus, então, você vai seguir um curso, um processo até chegar ao fim programado.

Não percamos tempo para nos moldarmos o mais rapidamente, pois o fim já está traçado. Você escolhe se quer ir pelo caminho mais longo, rejeitando a luz, ou pelos caminhos mais curtos aceitando os princípios divinos existentes em sua consciência.

Jesus foi enfático ao afirmar, a respeito dos Seus ensinamentos, que a letra mata, mas o espírito vivifica, produzindo a vinculação entre a nossa sombra e nosso interior.

E, o mais importante: ninguém pode esperar por felicidade a sós, porquanto a própria solidão constituiu um transtorno grave de conduta, porque fomos criados e educados por intermédio da lei de cooperação, da ajuda mútua, do progresso coletivo.

Os inúmeros relacionamentos (familiar, cônjuges, filhos, amizades, escola, vizinhança, social etc.) desenvolvem a capacidade de crescimento e compreensão do sentido existencial, que com toda certeza os objetivos perante o nosso criador estão todos anelados.

Jesus sabia dessas ocorrências, e, por isso, veio junto às massas imaturas psicologicamente, desesperadas, sofridas fisicamente e psicologicamente e compartilhou suas vivências com todos, envolveu-se nos dramas, experimentou dificuldades, partilhou os sentimentos, as dores, emoções as necessidades, mas, ao mesmo tempo, por meio de parábolas, deu o caminho, exemplificando que a luta é o caminho do crescimento humano.

E, ainda, ensinou que os nossos grandes inimigos estão alojados internamente e não externamente, porque, no fundo, temos que vencer o nosso Si interior, e, no outro, só enxergamos uma cópia perfeita de nós mesmos.

Esses que apontamos como inimigos externos são, ao mesmo tempo, os instrumentos para que possamos construir a nossa casa internamente. Uns, o reboco; outros, o tijolo; outros, a areia, a água, em um conjunto harmônico em busca da felicidade coletiva.

Quanto você receber uma crítica e você conseguir internalizar esses pensamentos, de uma forma ou de outra, ao final, vai ver que aquilo era um presente embrulhado do salto quântico de sua vida.

Porque aqueles que se apresentam como adversários, de fora nada podem fazer se você, internamente, criou uma fortaleza, construiu o Reino de Deus e, assim, venceu as tendências agressivas e os interesses mesquinhos da superficialidade.

É no espírito que está a consciência, portanto é lá que você guarda todas as ferramentas para alcançar o cume.

Somos cegos de nascença diante da incrível luz Divina. Os encantos indefiníveis ainda não alcançamos, mas eles estão presos em nossa consciência.

O Espírito Santo não é só uma pomba branca, o espírito reservado para Deus, aquilo que foi reservado para a manifestação divina. O tesouro encontra-se no âmago de todas as criaturas. Lembre-se sempre existe o gene da humanidade dentro de nós. Nós trazemos Deus dentro de nós.

Não oculte esse tesouro. Aprenda, busque o conhecimento espiritual, para fazer valer tudo aquilo que emerge do Cristo. A centelha divina está dentro de nós.

Dentro de nós temos a luz de Deus que nos guia para todos os entraves da vida. Ele nos guia em direção a Ele mesmo. A receita está dentro de nós, por isso, é importante despertar o autoconhecimento. Os deveres morais.

Enquanto o homem desvia essa visão, pela ignorância, cegueira, busca em locais errados, em tudo que é externo, os seus erros justificam-se, a conta da ignorância.

A falta cometida, em plena consciência do dever, depois da benção do conhecimento interior, guardada no coração e no raciocínio, essa significa o pecado contra o Espírito Santo, porque a alma humana está contra si mesma, repudiando as suas divinas possibilidades.

Ao acessar a centelha divina, o erro é um total desprezo a Lei Divina. Assim, a partir hoje, o lugar sagrado é você, onde quer que você esteja.

A questão 621 do *Livro dos Espíritos*[67] diz: "Onde está escrita a lei de Deus? Na consciência".

A poetiza Auta de Souza, em mensagem fraterna, no Parnaso do além-túmulo[68] diz assim: "Volve ao teu templo interno abandonado – a mais alta de todas as capelas, e a mais alta de todas as capelas e as respostas mais lúcidas e belas há de trazer-te alegre e deslumbrado".

Se nós acessássemos esse templo e ouvíssemos a voz de Deus que emana, evitaríamos uma multidão de males, e seríamos felizes nessa encarnação.

Não há um encarnado que não tenha em sua encarnação um pouco de expiação e um pouco de prova, como diz Haroldo Dutra Dias.

Se estamos sofrendo hoje é porque ainda repudiamos deveres sagrados registrados em nossa consciência.

Jesus foi o maior testemunho de comunhão, abdicando de sua própria vontade, para submeter-se à vontade do criador. Ele era o pastor das almas e entregou o cajado para Deus o supremo condutor da vida humana.

---

[67] KARDEC, *O livro dos Espíritos*. Tradução de Salvador Gentile, revisão de Elias Barbosa. Araras: 2009, Edição 182, p. 251-252.

[68] XAVIER, Francisco Cândido. *Parnaso de Além-Túmulo* (por diversos espíritos). Brasília: FEB, 2019, p. 252.

Para finalizar segue o poema "Cercas", do livro *A vida conta*[69], de Francisco Cândido Xavier, pelo Espírito de Maria Dolores, para lembrar de como somos teimosos ao não aceitar as cercas divinas que, na realidade, de nada têm de cercas e sim pontes para a verdadeira felicidade.

Alma querida, escuta: Em tuas horas lentas de inquietação, insegurança e luta, amargura e cansaço, ouvimos nós, noutros campos do Espaço, as falas mudas que nos apresentas.

Muitas vezes, interrogas na oração de espírito espantado e sofredor: – "Se tudo o que esperei foi sonho vão, por que amarei assim, sem ter amor? Por que me consagrar a filhos que amo tanto, se me ofertam por triste recompensa a incompreensão imensa que me encharca de pranto?

Por que me dedicar com tanto empenho ao lar que me magoa. No qual ninguém anota as lágrimas que eu tenho nem considera a cruz que me agrilhoa? Que motivo me leva a entregar-me de todo, a certo coração que me espezinha que me cobre de lodo depois de ironizar a esperança que eu tinha? Que razão me conserva a consciência presa a determinado compromisso, se aqueles que mais amo na existência não querem saber disso"?

É um esposo distante, é uma esposa esquecida. Do trabalho de paz que abraçou para a vida, É um filhinho doente gradeado num leito merencório, é um parente infeliz em sanatório, é uma pessoa amiga a gritar-nos em rosto acusações sem base em vinagre e censura, a fazer-nos enfermos de desgosto Ou cansados de dor, às portas da loucura... Dói-nos ouvir, no além, a angústia com que indagas, mostrando o coração aberto em chagas...

---

[69] XAVIER, Francisco Cândido. *A vida conta* (pelo espírito de Maria Dolores). [S.l.]: Editora Céu, 1980.

Inda que tudo isso te aconteça, Não fujas, alma boa tolera a quem te fira, ama, perdoa, sem que a força do amor se te arrefeça. Não fossem as prisões que nos guardam no mundo, duros grilhões, sem formas definidas,

Voltaríamos nós aos erros de outras vidas em delírio profundo...

A prova que te oprime em ásperas refregas, o peso enorme dos tormentos teus, e a dor da obrigação nas cruzes que carregas

São as cercas de Deus.

DÉCIMO CAPÍTULO

MATURIDADE E COMPROMISSO

> *Deus nos criou para a execução de determinados encargos, em que nos façamos felizes. Não digas que a Terra é um mundo exclusivamente de provações. Em qualquer degrau da evolução, podes instalar-te no lugar próprio à criação de tuas próprias alegrias. Necessário reconhecer que te encontras na condição certa e com as criaturas mais adequadas para a tarefa a cumprir. Conscientiza-te de que ninguém consegue realizar algo sem o apoio de alguns, competindo-nos a todos adquirir paciência e tolerância de uns para com os outros. Aprendamos a viver sem reclamações e sem queixas. Os obstáculos e problemas, em maioria, com que somos defrontados na desincumbência de nossos deveres partem de nós e não dos outros. Adaptarmo-nos às exigências do trabalho a realizar, sem perder altura no ideal superior que abraçamos, é norma de triunfo em nossas obrigações. Lembremo-nos de que todos aqueles que sabem desculpar as dificuldades e faltas alheias estão criando fatores de base ao próprio êxito. Quem se consagra a servir, serve para viver, honrando a vida em qualquer posição.*
>
> "Nos encargos da vida", Francisco Cândido Xavier, *Calma*[70]

Nós não somos a consciência única.

Reconheça que os tempos mudaram, e a maturidade interior precisa nascer dentro de nós. Não só deixar o homem velho ir embora, mas afastar a criança birrenta que habita dentro de nós.

Dentro dos nossos mecanismos internos, não podemos esquecer a nossa confiança em nós mesmos, e nos propósitos das obrigações de Deus.

---

[70] XAVIER, Francisco Cândido. *Calma* (pelo espírito Emmanuel). [S.l.]: Geem, 2010.

No capítulo 14, do livro *Caminho, verdade e vida*[71], de Chico Xavier, Emmanuel nos orienta que "os que vivem na certeza das promessas divinas são os que guardam fé no poder relativo que lhes foi confiado e, aumentando-o pelo próprio esforço, prosseguem nas edificações definitivas, com vista à eternidade."

O nosso coração anseia por viver a fraternidade e conhecer o verdadeiro amor. É natural, que acreditemos em nós mesmos para conseguir trilhar no caminho e cumprir com nossa missão. Ele confia em nós, portanto, não se mantenha indeciso. Se o Senhor lhe conferiu esse ou aquele trabalho justo, faça-o retamente.

Cristo nos mostrou o caminho. Como fomos superficiais, não nos atentamos para o trajeto ensinado para realizarmos a transformação interna. O trajeto está guardado em nossa consciência, esperando o sublime momento da descoberta.

Cristo sempre nos renova oportunidades. Sua misericórdia sempre nos dará mais uma chance para o caminho da redenção. Somos nós mesmos os únicos culpados pelas flagelações no cárcere da vida. Somos vítimas infelizes de nós mesmos.

Nesse momento, recordo-me dos últimos ensinamentos do livro *Renúncia*[72], de Francisco Cândido Xavier, onde novamente se reencontram Carlos, o sobrinho de Padre Damiano e Alcíone (Irmã Carmelo), quando a mesma está em seu cárcere perto da sua partida, em que o destino novamente mostra a Carlos os caminhos dúbios escolhidos, e assim ela diz a Carlos, com todo seu amor, dando um verdadeiro testemunho de renúncia de si mesma:

> Sai dos círculos de revolta e vingança!... Jesus nos oferece irmãos e tutelados em toda parte... Não permaneças nos lugares onde haja perseguições ou separatividades em seu nome...Volta, Carlos! Volta à pobreza, à simplicidade, ao esforço laborioso! Se for preciso, pede, de porta em porta, o pão do corpo, mas não odeias ninguém...A desesperação te con-

---

[71] XAVIER, Francisco Cândido. *Caminho, verdade e vida* (pelo espírito Emmanuel). 1 ed. Brasília: FEB, 2020a, p. 43

[72] XAVIER, Francisco Cândido. *Renúncia*. 36. ed. Brasília: FEB, 2020e, p. 370.

servará algemado no lodaçal do mundo! Desperta novamente para o amor que o Mestre nos deixou e perdoa o passado pelas dores que te deu...

Todos nós assumimos uma responsabilidade diante do grande projeto Divino. Todos nós temos uma missão, um compromisso, tenhamos ou não consciência.

Alcíone nos ensina na obra alhures, através de sua autocura, que o circo do martírio para os cristãos sinceros na época do cristianismo primitivo era agora o mundo, e que as feras de outrora, seriam os próprios homens.

Estamos gastando energias em compromissos errôneos. Temos o compromisso de agir de determinada forma e nos escusamos diariamente a cumprir as metas traçadas por nós mesmos antes de nascer.

Devemos ter em mente que nosso primeiro compromisso é com o mestre Jesus.

"Endireitai o caminho do Senhor", disse o profeta Isaías (João, 1:23).

Quando uma alma não quer crescer, esquece os seus compromissos, de forma a nos sentirmos extremamente deslocados nesse mundo, pois perdemos de vista a luz divina.

Como que alguém quer sentir a influência santificadora do Criador, se não endireita o caminho? Não adianta chorar em veredas do crime, lamentando, nos resvaladouros do erro sistemático, se no crepúsculo da noite não ora e não se ajoelha perante o Mestre, retificando o itinerário diário.

Jesus atravessou a pé grandes terras da Palestina, ensinando, praticando o bem e orando. João Batista, revelou-se um excelente trabalhador, que tem a pá na mão e o olhar no futuro. Portanto, não podemos servir à causa divina inclinando-nos à preguiça, sob o pretexto de uma falsa adoração.

Nossa alma tem uma grande liberdade, podemos mudar de uma hora para outra, esquecendo o compromisso assumido outrora.

Precisamos ter cuidado com nós mesmos, não ter medo de abrir a chave interna, de adentrar no nosso eu interior, de nos envolvermos com a natureza como parte dela.

A obra precisa de missionários. O mundo está cheio de pregadores e oradores frios e irredutíveis.

As flores emanam muita energia, vibram um som que, se você se conectar com o mundo interior delas, elas abrem caminhos, que muitas vezes pareciam inacessíveis.

Na neutralidade e no silencio você consegue vislumbrar uma vibração que nos equilibra emocionalmente. E as flores têm essa benesse.

O processo é lento e persistente, a contemplação diária com a natureza eleva você à perfeição emocional, pois estará com a presença constante da inspiração divina.

As flores irradiam a perfeição, aquilo a que o ser humano precisa chegar. O sentimento da flor não é como o nosso. Ela absorve todos os nossos sentimentos e emoções.

Com toda certeza você já ouvia falar de plantas que retiram a negatividade do ambiente, ou que estava linda e de repente ficou murcha, triste ou até mesmo morreu.

A flor é segura, está sempre firme e constante em seu progresso, assim como nós devemos ser, seguros, seguindo avante na nossa evolução, determinados no cumprimento dos nossos deveres, cumprindo, assim, a nossa missão prometida.

Quando uma alma não quer crescer, esquece todos os dias os compromissos, esquecendo a missão celestial, fugindo das responsabilidades.

Saibam que compromissos não se apagam, eles existem para todo o sempre. Bem ou mal, você precisará retornar a cumprir aquilo que lhe cabia.

Por isso os desastres acontecem, pois você assumiu um compromisso e o abandonou. Com absoluta certeza, você, mais cedo ou mais tarde, deverá retomá-lo e irá voltar para o ponto onde você parou, até mesmo refazendo todos os caminhos.

Já é hora de assumirmos o nosso compromisso!

Isso não é questão de crer, é questão de clareza, de expansão de consciência. Todos nós temos uma responsabilidade perante o todo, perante o outro.

Arrebentar as capas materiais construídas em cima de nossa essência é fundamental para reencontrar o caminho, para despertar.

Quem acompanha o compromisso está sempre vivo. Ao dizer um sim verdadeiro (não formal) para a viagem interior, o reino de Deus irá descer e lhe impulsionar.

Atitudes corretas estabelecidas, ter inspiração para trabalhar com a natureza, cria dentro de nós um escudo, sem ter medo do tempo, das distâncias, dando-nos coragem para a vitória supra mental.

Cabe a nós tomarmos o nosso caminho, e assim o seguinte provérbio nos orienta: "Pode-se levar o cavalo à fonte, mas não se pode obrigá-lo a beber".

Francisco Cândido Xavier era portador de várias mediunidades (psicografia, psicofonia, clarividência, vidência e de cura) mas o benfeitor Emmanuel foi incisivo com ele: "o teu compromisso é com o livro, porque o livro educa".

Francisco Xavier assumiu o compromisso e atendeu aos três pilares básicos: disciplina, disciplina, disciplina.

Temos que assumir o nosso compromisso, saber cronometrar as nossas tarefas, colocando em primeiro plano a relação com o mundo espiritual. Os nossos compromissos terrenos não podem se sobrepor aos compromissos espirituais, que influenciaram no seu interior, na sua família e nas pessoas que você ama.

A moral é o cumprimento das questões éticas. Descumprir os princípios éticos nos torna um ser imoral. Assim, quando assumimos compromissos éticos, precisamos cumpri-los.

O processo educacional ajuda a eliminar o apego material (essa vida amarrada na terra) que tudo começa e termina aqui. Nosso modus vivendi ainda é terreno (quanto vou lucrar, ganhar, que cargo eu vou ocupar, que status eu tenho).

As pessoas têm a tendência de descumprir as regras. Seguir por caminhos mais curtos, afastando o rigor da obrigação.

Desde o berço, vamos notando as características do ser. Ao se atentar às qualidades e aos defeitos, é preciso ter a maturidade para saber encaminhá-los sem os exaltar.

"Um pessoa bem educada é instruída, mas uma pessoa instruída não é bem educada", já dizia Raul Teixeira[73], em 2009, no 14º Congresso Estadual do Espiritismo, em Serra Negra, SP.

A nossa qualidade íntima está doente, mas não podemos parar. Precisamos prosseguir, aparando as arestas doentes, limpando aquilo que está incorreto, expurgando todos os males, dissolvendo o mal que ainda habita o nosso ser íntimo.

Os encargos que temos é para nos conduzir a tão sonhada felicidade. É necessário que você compreenda que as suas condições, nesse momento, são certas para realizar a tarefa que lhe foi concedida, aceitar os companheiros do caminho, para reconhecer que ainda temos muitas imperfeições a serem ajustadas.

Não se detenha ao passado, siga firme, livre de tudo que o impeça de crescer, auxiliando sempre os outros, tantas vezes quantas lhe for solicitado.

Não esqueça que a voz humana está carregada de emoções, tom alto de voz carrega medos, ressentimentos, culpas e demais males do ser. Barulho verbal apenas complica.

Assuma as responsabilidades que lhe dizem respeito e peça a proteção divina para o amparar, perdoando e se esforçando, estabelecendo a tranquilidade na sua área de ação.

Todos nós caminhamos para o mesmo objetivo, tenhamos em mente que o foco sempre será o mesmo, desagradar o outro não vai lhe fazer chegar antes no objetivo, pois temos um compromisso com o outro.

---

[73] TEIXEIRA, RAUL. *Educação para a felicidade*. Palestra realizada no 14º Congresso Estadual de Espiritismo, em Serra Negra-SP, em junho de 2009. Disponível em: https://www.youtube.com/watch?v=2NO1o7cL6nw. Acesso em: 25 ago. 2020.

Em que ponto será que estamos na maturidade espiritual? Você tem se feito essa pergunta?

Será que só o conhecimento intelectual traz a maturidade?

Precisamos colocar em prática toda mensagem do evangelho e a doutrina esclarecedora. De nada adianta lermos todas as publicações, participarmos de todos os congressos e palestras, se não fixarmos a base dentro de nós.

Quais escolhas estamos fazendo em nossa vida? Qual a nossa atitude quando chegamos em nosso lar? É de alguém que é esperado ou temido? Estamos usando a autoridade ou a bondade? Estamos nos fazendo compreender no lar? Estamos dissolvendo diariamente nossas angústias? Ou estamos atropelando nossas emoções, escondendo nossas dores?

A nossa pátria está enferma, porque nossas famílias estão doentes. Os interesses de todas as montas estão ganhando destaques, o celular é o objeto mais importante, os vícios, as bebidas, as viagens, tudo é passageiro.

O Espírito de Verdade veio explicar tudo o que não foi entendido outrora. O Consolador prometido por Jesus chegou, ele veio para trazer subsídios para que as religiões continuem existindo, porque aquela que não se entrosar com o avanço científico, não conseguir consolar, vai esmorecer a cada dia as suas programações.

O Espiritismo veio reviver o Cristianismo primitivo, veio trazer consolação, trazendo o aspecto científico, filosófico e religioso, porque explica a continuidade da vida.

Na consciência, atributo do espirito, mora todas as pérolas divinas que transformarão a nossa vida

Nunca podemos esquecer que é imprescindível buscar a companhia do Divino amigo, pois Jesus tem uma palavra luminosa para cada situação, uma energia inspiradora a cada momento mais amargo, desde que lhe busquemos o socorro Divino.

Nesse momento, querido leitor, eu me despeço com um cântico, chamado *hino do entardecer,* cantado pelas crianças graciosas junto ao leito da personagem Célia Lucius – chamada de irmão Marinho, em seus últimos acordes, retirado do livro *Cinquenta anos depois*[74], de Francisco Cândido Xavier:

Louvado sejas, Jesus!
Na aurora cheia de orvalho,
Que traz o dia e o trabalho,
Em que andamos a aprender.
Louvado seja, Senhor!
Pela luz das horas calmas,
Que adormenta as nossas almas
No instante do entardecer...

O campo repousa em preces,
O céu formoso cintila,
E a nossa crença tranquila
Repousa no teu amor;
É a hora da tua benção
Nas luzes da natureza,
Que nos conduz à beleza
Do plano consolador.

É nesta hora divina,
Que o teu amor grande e augusto
Dá paz à mente do justo,
Alívio e conforto à dor!

Amado Mestre abençoa
A nossa prece singela,
Faze luz sobre a procela
Do coração pecador!

Vem a nós! Do céu ditoso,
Ampara a nossa esperança,
Temos sede de bonança,
De amor, de vida e de luz!
Na tarde feita de calma,
Sentimos que és nosso abrigo,
Queremos viver contigo,
Vem até nós, meu Jesus!...

---

[74] XAVIER, 2020b, p. 273.

POSFÁCIO

Caríssimos amigos, sem pretensão nenhuma de finalizar a obra de nossa autora, que tão brilhantemente a escreveu, com muita alegria aceitei o convite para expressar minhas singelas palavras.

O *Cantinho da Consciência* levou o despertar da autora para a mais profunda reflexão do seu Ser. Percebendo-se por meio de um sonho, como o nosso grande psiquiatra Carl Jung coloca, os sonhos podem levar à revelação do que está em nosso inconsciente, revelando traumas de infância, lembranças de situações não resolvidas em nosso íntimo, que podem se manifestar como sentimentos de medo de várias ordens: culpa, insatisfação, ansiedade, tristeza e desesperança, dentre outros.

Como somos filhos de uma consciência cósmica, que o todo, está em tudo, sabendo que somos filhos da sua obra, o Espírito Imortal nos deu como presente a evolução espiritual, ou seja, o ser que pensa.

Sabendo Ele de tudo, deu-nos o sonho como presente para aqueles que estiverem dispostos a entrar para o cantinho do pensamento; o *Cantinho da consciência* levará à busca para a grande verdade: que nós somos parte deste todo. Sendo parte deste todo, então, somos seres destinados a buscar o reino dos céus; sendo nós moradores deste planeta azul, merecedores de receber uma consciência crística, que viveu entre nós na condição de homem de carne por 33 anos, como nos conta a história, deixando exemplificados em seus atos os quatro pilares das leis que regem a harmonia dos mundos:

- *o amor* – se eu me conheço, se reconheço que sou parte de uma consciência de amor, viverei eternamente em estado de certeza. Tendo a certeza de que somos abençoados porque essa é a natureza da vida, que o autoamor nos mantém e nos torna indestrutíveis com Deus em nossos atos. Entendo que quando tenho atos de desamor estou contra mim, porque também sou parte de Deus.

- *o perdão* – entendemos a necessidade do perdão, quando o outro nos fere, não é ele que nos fere, e sim como acolhemos esse ato, porque estaria em nós a ofensa, e que muito provavelmente se eu ainda acolho a mágoa, é porque eu estou na condição de magoar alguém ainda, afinal, Jesus na cruz, sem nada a dever, não recebeu a condenação, e sim exemplificou, pedindo ao Pai que perdoasse aos seus algozes porque eles não sabiam que o mal que estavam fazendo era a si mesmos, na condição espiritual de ainda ignorantes das leis da natureza.
- *a gratidão* – quando o ser humano tiver a certeza que é filho dessa energia criadora, que criou aquilo que o homem não foi capaz de criar, como os céus, as estrelas, o mar e o próprio ser humano que nasce de uma semente microscópica e desenvolve uma vida perfeita biologicamente, e mais ainda, tem uma energia pensante, que ainda com todo o avanço da ciência não descobriu nenhuma máquina com um potencial inativo, sua verdadeira natureza sendo infinita em capacidade plena. Terá ele a gratidão por tudo e pelo todo, em todos os instantes, liberando assim a energia para cada vez mais entender a consciência criadora.
- *a alegria* – a consciência do amor que não se separa do todo por nada deste mundo, terá um mundo criativo, de imaginação, trocará a dor pela condição de ser uma criatura filha do amor e da alegria.

Sendo assim, finalizo essas palavras como uma bela oportunidade de ver a mim mesmo como um ser único e feliz pela sublime experiência reencarnatória de crescimento, por amor às leis do pai da vida e pela amorosidade da mãe terra que me acolhe neste solo fértil de expansão de consciência em amor e paz.

Desejo a todos a busca pelo cantinho de cada consciência para o despertar do melhor de cada um.

Solange Aparecida Ghettino

REFERÊNCIAS

ALMEIDA, Alberto. *Pandemia, Você e o Espiritismo*. Palestra pela FEBTV – Federação Espírita Brasileira. Disponível em: https://www.youtube.com/watch?v=T1y1xoL-LV8. Acesso em: 25 ago. 2020.

BACARDÍ, Joan Garriga. *Onde estão as moedas*. As chaves dos vínculos entre pais e filhos. 3. ed. Campinas: Editora Saberes, 2011.

CONGRESSO ESPÍRITA DO ESTADO DO ESPÍRITO SANTO, 2017. *O primado do espírito e as transformações sociais*. Palestras ocorridas nos dias 22, 23 e 24 de setembro de 2017, em Vitória Espírito Santo. Ao vivo através da rádio Fraternidade.

CURRY, Augusto. *Ansiedade* – como enfrentar o mal do século: a Síndrome do pensamento acelerado. Como e por que a humanidade adoeceu coletivamente, das crianças aos adultos. 1. ed. São Paulo: Saraiva, 2014.

DIAS, Haroldo Dutra. *Despertar*: nossos desafios na transição planetária. São Paulo: Intelítera Editora, 2020.

FAULKNER, Willian. *O Som e a Fúria*. São Paulo: Companhia das Letras, 2017.

FRANCO, Divaldo Pereira. *Amor, imbatível amor*. Pelo espírito de Joana de Ângelis (psicografado por Divaldo Pereira Franco). Salvador: Leal, 2018. (Edição comemorativa dos 25 anos da série psicológica de Joana de Ângelis, v. 9).

FRANCO, Divaldo Pereira. *Autodescobrimento*: uma busca interior. 1. ed. Pelo espírito Joanna de Ângelis (psicografado por Divaldo Pereira Franco). Salvador: Leal, 2018. (Edição comemorativa dos 25 anos da série psicológica de Joanna de Ângelis, v. 06).

FRANCO, Divaldo Pereira. *Ilumina-te*. Divaldo Pereira Franco/Espírito Joanna de Ângelis. Catanduva: Intervidas, 2013.

FRANCO, Divaldo Pereira. O ser consciente. 1. ed. Pelo Espírito de Joana de Ângelis (psicografado por Divaldo Pereira Franco). Salvador: Leal, 2018. (Edição comemorativa dos 25 anos da série psicológica, v. 05).

FREUD, Sigmund. *A interpretação dos Sonhos*. Obras completas, v. 4. [*S.l.*]: Companhia das Letras, 1900.

HAMMED (espírito); NETO, Francisco do Espírito Santo (psicografado por). *Um modo de entender*: uma nova forma de viver. 1. ed. Catanduva: Boa Nova Editora, 2004.

KARDEC, Allan. *Livro dos Espíritos*. Tradução de Salvador Gentile, revisão de Elias Barbosa. 182. ed. Araras, SP: Editora Ede, 2009.

KARDEC, Allan. A Gênese – Os milagres e as predições segundo o espiritismo. 52. ed. Tradução de Salvador Gentile, revisão de Elias Barbosa. Araras: IDE, 2008.

KARDEC, Allan. *Livro dos Espíritos*. Tradução de Salvador Gentile, revisão de Elias Barbosa. 182. ed. Araras: Editora Ede, 2009.

KARDEC, Allan. *O evangelho segundo o espiritismo*. 131. ed. Brasília: FEB; 2015.

KARDEC, Allan. *O livro dos Espíritos*. Tradução de Salvador Gentile, revisão de Elias Barbosa. Araras: 2009.

KARNAL, Leandro; MONJA COEN. *O inferno somos nós*. Do ódio à cultura de Paz. Campinas: Papirus 7 Mares, 2018.

MAQUIAVEL, Nicolau. *O Príncipe*. Tradução de Maria Júlia Goldwasser, revisão da tradução de Zelia de Almeida Cardoso. 3. ed. São Paulo: Martins Fontes, 2004.

Minidicionário Escolar da língua portuguesa. 1. ed. [*S.l*]: Ciranda Cultural, p. 339.

MIRAMEZ (espírito); MAIA, João Nunes (psicografado por). *Alguns ângulos dos ensinos do Mestre*. 5. ed. Belo Horizonte: Editora Espírita Cristã Fonte Viva.

PETERSON, Jordan B. *12 Regras para a vida*. Um antídoto para o caos. Tradução de Wendy Campos e Alberto G. Streicher. Rio de janeiro: Alta Books, 2018.

PETERSON, Jordan B. *Mapas do Significado*. A arquitetura da Crença. Tradução de Augusto Cesar. [S.l.]: Editora Realizações, 2018.

PLATÃO. *A república*. Tradução de Edson Bini. [S.l]: Editora Pro, 2019.

PORFÍRIO, Francisco. "Xenófanes". *Brasil Escola*. Disponível em: https://brasilescola.uol.com.br/filosofia/xenofanes.htm. Acesso em: 15 maio 2020.

SARTRE, Jean Paul. *A Náusea*. Tradução de Rita Braga. 25. ed. Rio de Janeiro: Nova Fronteira, 2019.

SARTRE, Jean-Paul. *O ser e o nada*. 24. ed. Editora Vozes, 2015.

TARSO, Paulo de. *Paulo de Tarso e as Leis Morais*. 1. ed. Porto Alegre: Francisco Spinelli, 2017.

TEIXEIRA, RAUL. *Educação para a felicidade*. Palestra realizada no 14º Congresso Estadual de Espiritismo, em Serra Negra-SP, em junho de 2009. Disponível em: https://www.youtube.com/watch?v=2NO1o7cL6nw. Acesso em: 25 ago. 2020.

TOLLE, Eckhart, *O poder do silêncio*. Tradução de Ana Quintana e Regina da Veiga Pereira. Rio de Janeiro: Sextante, 2016.

XAVIER, Chico. *Pão nosso* (pelo espírito Emmanuel). 30. ed. Brasília: FEB, 2019a.

XAVIER, Francisco Cândido, VIEIRA, Waldo. *Evolução em dois mundos* (pelo espírito André Luiz). 27. ed. Brasília: FEB, 2017.

XAVIER, Francisco Cândido. *A vida conta* (pelo espírito de Maria Dolores). [S.l.]: Editora Céu, 1980.

XAVIER, Francisco Cândido. *Ave, Cristo!* – Episódios do Cristianismo do século III (pelo espírito Emmanuel). 24. ed. Brasília: FEB, 2019b.

XAVIER, Francisco Cândido. *Calma* (pelo espírito Emmanuel). [*S.l.*]: Geem, 2010.

XAVIER, Francisco Cândido. *Caminho, verdade e vida* (pelo espírito Emmanuel). 1 ed. Brasília: FEB, 2020a.

XAVIER, Francisco Cândido. *Cinquenta anos depois*. Pelo espírito Emmanuel. 34. ed. Brasília: FEB, 2020b.

XAVIER, Francisco Cândido. *Fonte Viva*. Pelo espírito Emmanuel. 1. ed. Brasília: FEB, 2020.

XAVIER, Francisco Cândido. *Parnaso de Além-Túmulo* (por diversos espíritos). Brasília: FEB, 2019c.

XAVIER, Francisco Cândido. *Paulo e Estevão, episódios históricos do Cristianismo primitivo*: romance (pelo espírito Emmanuel). 45. ed. Brasília: FEB, 2019d.

XAVIER, Francisco Cândido. Paulo e Estevão. *Episódios históricos do Cristianismo primitivo*. 45. ed. Brasília: FEB, 2019e.

XAVIER, Francisco Cândido. *Pensamento e vida* (pelo espírito Emmanuel). 19. ed. Brasília: FEB, 2020d.

XAVIER, Francisco Cândido. *Renúncia*. 36. ed. Brasília, FEB, 2020e.